온 가족이 함께하는

# 로마서 & 옥중서신 따라쓰기

차례

## 로마서 따라쓰기를 시작하시는 분들께

로마서는 A.D. 57년 경, 3차 전도여행이 끝나갈 무렵에 사도 바울이 고린도 지역에 머무는 동안 로마 교회에 있는 유대인과 이방인 성도들을 위해 기록한 서신입니다. 비록 아직 직접 방문하지는 못했지만, 그들이 복음 위에 견고히 설 수 있도록 격려하기 위해 사도 바울이 정리한 복음의 진수가 담겨 있습니다.
로마서를 따라 쓰며 예수님을 통해 우리를 구원하신 복음의 은혜를 깊이 묵상하십시오. 오직 믿음으로 말미암아 우리를 의롭다하시는 하나님의 풍성한 은혜를 누릴 수 있을 것입니다.

---

### 1 기도로 시작하세요.

한 글자 한 글자를 쓰는 동안, 살아있는 하나님의 말씀이 내 안에 들어올 수 있도록 기도합니다.

### 2 말씀의 의미를 마음에 새기면서 쓰세요.

단순히 한 번 쓰는 것이 목적이 아닙니다. 말씀의 의미를 이해하면서 써나갈 수 있도록 주의를 기울이세요.

### 3 다 쓰고 나면 꼭 말씀을 묵상하세요.

묵상이란 말씀을 깊이 생각하면서 내 것으로 만드는 시간입니다. 쓰기를 마친 후에는 말씀이 내게 주시는 깨달음에 대해 묵상하는 시간을 꼭 가지세요.

### 4 적당한 분량을 정해놓고 매일 꾸준히 쓰세요.

한꺼번에 많은 양을 쓰려고 하지 마세요. 적당한 분량을 매일 꾸준히 쓰는 것이 중요합니다.

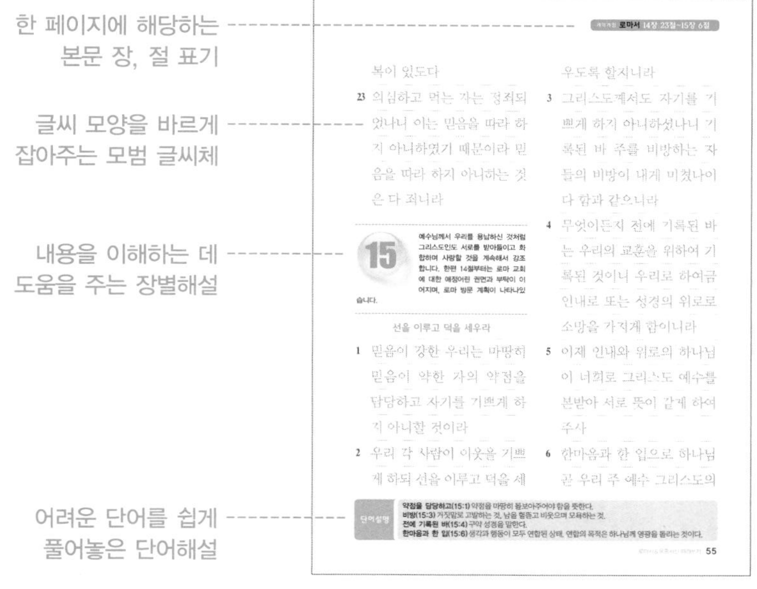

바울은 자신을 하나님의 부르심을 받은 예수 그리스도의 종으로 소개합니다. 비록 직접 만난 적은 없지만, 복음을 받아들인 로마의 성도들을 축복하며 로마에 방문할 계획을 말합니다. 한편, 창조주 하나님을 알지 못하고, 마음에 하나님 두기를 싫어하는 사람(이방인)의 죄성을 설명하기 시작합니다.

인사

1 예수 그리스도의 종 바울은
사도로 부르심을 받아 하나
님의 복음을 위하여 택정함
을 입었으니
2 이 복음은 하나님이 선지자
들을 통하여 그의 아들에
관하여 성경에 미리 약속하
신 것이라
3 그의 아들에 관하여 말하면
육신으로는 다윗의 혈통에
서 나셨고
4 성결의 영으로는 죽은 자들
가운데서 부활하사 능력으
로 하나님의 아들로 선포되
셨으니 곧 우리 주 예수 그
리스도시니라
5 그로 말미암아 우리가 은혜
와 사도의 직분을 받아 그
의 이름을 위하여 모든 이
방인 중에서 믿어 순종하게
하나니
6 너희도 그들 중에서 예수
그리스도의 것으로 부르심
을 받은 자니라
7 로마에서 하나님의 사랑하
심을 받고 성도로 부르심을
받은 모든 자에게 하나님
우리 아버지와 주 예수 그
리스도로부터 은혜와 평강

단어설명

**사도(1:1)** 복음을 전하고 하나님의 나라를 확장하도록 예수님께 부름 받은 사람들.
**다윗의 혈통(1:3)** 구약성경은 메시아가 다윗의 후손으로 태어날 것이라 예언했고 예수님은 그 예언을 이루셨다.
**성결의 영(1:4)** 사람의 몸으로 이 땅에 오신 예수님은 오직 성령님을 통하여 하나님의 뜻에 순종하셨다.

이 있기를 원하노라

바울의 로마 방문 계획

8 먼저 내가 예수 그리스도로
말미암아 너희 모든 사람에
관하여 내 하나님께 감사함
은 너희 믿음이 온 세상에
전파됨이로다
9 내가 그의 아들의 복음 안
에서 내 심령으로 섬기는
하나님이 나의 증인이 되
시거니와 항상 내 기도에
쉬지 않고 너희를 말하며
10 어떻게 하든지 이제 하나님
의 뜻 안에서 너희에게로
나아갈 좋은 길 얻기를 구
하노라
11 내가 너희 보기를 간절히
원하는 것은 어떤 신령한
은사를 너희에게 나누어 주
어 너희를 견고하게 하려
함이니
12 이는 곧 내가 너희 가운데
서 너희와 나의 믿음으로
말미암아 피차 안위함을 얻
으려 함이라
13 형제들아 내가 여러 번 너
희에게 가고자 한 것을 너
희가 모르기를 원하지 아니
하노니 이는 너희 중에서도
다른 이방인 중에서와 같이
열매를 맺게 하려 함이로되
지금까지 길이 막혔도다
14 헬라인이나 야만인이나 지
혜 있는 자나 어리석은 자

단어설명

**심령(1:9)** 마음과 영혼을 모두 가리키는 말.
**신령한 은사(1:11)** 하나님께서 성령을 통해 우리에게 주시는 영적인 능력, 은혜의 선물.
**피차 안위함을 얻으려(1:12)** 바울이 일방적으로 로마의 그리스도인들을 격려하는 것을 넘어, 복음을 믿는 그들의 믿음과 경건함이 바울에게도 큰 위로와 격려가 됨을 겸손하게 말하고 있다.

에게 다 내가 빚진 자라
15 그러므로 나는 할 수 있는
대로 로마에 있는 너희에게
도 복음 전하기를 원하노라
16 내가 복음을 부끄러워하지
아니하노니 이 복음은 모든
믿는 자에게 구원을 주시는
하나님의 능력이 됨이라 먼
저는 유대인에게요 그리고
헬라인에게로다
17 복음에는 하나님의 의가 나
타나서 믿음으로 믿음에 이
르게 하나니 기록된 바 오
직 의인은 믿음으로 말미암
아 살리라 함과 같으니라

### 모든 경건하지 않음과 불의

18 하나님의 진노가 불의로 진
리를 막는 사람들의 모든
경건하지 않음과 불의에 대
하여 하늘로부터 나타나나
니
19 이는 하나님을 알 만한 것
이 그들 속에 보임이라 하
나님께서 이를 그들에게 보
이셨느니라
20 창세로부터 그의 보이지 아
니하는 것들 곧 그의 영원
하신 능력과 신성이 그가
만드신 만물에 분명히 보여
알려졌나니 그러므로 그들
이 핑계하지 못할지니라
21 하나님을 알되 하나님을 영
화롭게도 아니하며 감사하
지도 아니하고 오히려 그

**단어설명**

**헬라인(1:14)** 국적은 다양할 지라도 그리스어를 사용할 줄 알고, 그리스-로마의 교육과 문화를 받아들여 적응한 사람들을 말한다.
**야만인(1:14)** 그리스어를 사용할 줄 모르고 그리스-로마의 교육과 문화의 영향을 받지 못한 사람들을 뜻하는 말로 그리스인이 만든 표현이다.

생각이 허망하여지며 미련
한 마음이 어두워졌나니
22 스스로 지혜 있다 하나 어
리석게 되어
23 썩어지지 아니하는 하나님
의 영광을 썩어질 사람과
새와 짐승과 기어다니는 동
물 모양의 우상으로 바꾸었
느니라
24 그러므로 하나님께서 그들
을 마음의 정욕대로 더러움
에 내버려 두사 그들의 몸
을 서로 욕되게 하게 하셨
으니
25 이는 그들이 하나님의 진리
를 거짓 것으로 바꾸어 피
조물을 조물주보다 더 경배
하고 섬김이라 주는 곧 영
원히 찬송할 이시로다 아멘
26 이 때문에 하나님께서 그들
을 부끄러운 욕심에 내버려
두셨으니 곧 그들의 여자들
도 순리대로 쓸 것을 바꾸
어 역리로 쓰며
27 그와 같이 남자들도 순리대
로 여자 쓰기를 버리고 서
로 향하여 음욕이 불 일듯
하매 남자가 남자와 더불어
부끄러운 일을 행하여 그들
의 그릇됨에 상당한 보응을
그들 자신이 받았느니라
28 또한 그들이 마음에 하나님
두기를 싫어하매 하나님께
서 그들을 그 상실한 마음

**단어설명**

**허망(1:21)** 거짓되고 어이없으며 허무함.
**우상(1:23)** 하나님 외에 사람이 만든 신. 나무, 흙, 돌 등으로 형상을 만들었다. 로마인들은 큰 신전을 만들어 우상을 세워두었고, 각자 집 안에도 우상을 만들어 두었다.
**역리(1:26)** 바른 이치에서 벗어난 것. 비정상적인 것.

대로 내버려 두사 합당하지
못한 일을 하게 하셨으니
29 곧 모든 불의, 추악, 탐욕,
악의가 가득한 자요 시기,
살인, 분쟁, 사기, 악독이
가득한 자요 수군수군하는
자요
30 비방하는 자요 하나님께서
미워하시는 자요 능욕하는
자요 교만한 자요 자랑하는
자요 악을 도모하는 자요
부모를 거역하는 자요
31 우매한 자요 배약하는 자요
무정한 자요 무자비한 자라
32 그들이 이 같은 일을 행하
는 자는 사형에 해당한다고
하나님께서 정하심을 알고
도 자기들만 행할 뿐 아니
라 또한 그런 일을 행하는
자들을 옳다 하느니라

계속해서 바울은 유대인은 하나님과 언약을 맺은 백성이었으나, 그들 또한 이방인과 마찬가지로 죄인임을 설명합니다. 율법을 알고 할례를 받았어도, 율법에 완전히 순종할 수 없음을 지적하며 유대인 역시 심판을 피할 수 없음을 말합니다.

### 하나님의 심판

1 그러므로 남을 판단하는 사
람아, 누구를 막론하고 네
가 핑계하지 못할 것은 남
을 판단하는 것으로 네가
너를 정죄함이니 판단하는
네가 같은 일을 행함이니라
2 이런 일을 행하는 자에게
하나님의 심판이 진리대로
되는 줄 우리가 아노라

**단어설명**

**능욕(1:30)** 남을 업신여겨 욕보이는 것.
**악을 도모하는 자(1:30)** 악한 일을 이루기 위하여 대책과 방법을 세우는 자.
**배약(1:31)** 약속을 지키지 않음. 어기고 저버리는 것.
**정죄함(2:1)** 죄가 있다고 단정하는 것.

3 이런 일을 행하는 자를 판
단하고도 같은 일을 행하는
사람아, 네가 하나님의 심
판을 피할 줄로 생각하느냐
4 혹 네가 하나님의 인자하심
이 너를 인도하여 회개하게
하심을 알지 못하여 그의
인자하심과 용납하심과 길
이 참으심이 풍성함을 멸시
하느냐
5 다만 네 고집과 회개하지
아니한 마음을 따라 진노의
날 곧 하나님의 의로우신
심판이 나타나는 그날에 임
할 진노를 네게 쌓는도다
6 하나님께서 각 사람에게 그
행한 대로 보응하시되
7 참고 선을 행하여 영광과 존
귀와 썩지 아니함을 구하는
자에게는 영생으로 하시고
8 오직 당을 지어 진리를 따
르지 아니하고 불의를 따르
는 자에게는 진노와 분노로
하시리라
9 악을 행하는 각 사람의 영
에는 환난과 곤고가 있으리
니 먼저는 유대인에게요 그
리고 헬라인에게며
10 선을 행하는 각 사람에게는
영광과 존귀와 평강이 있으
리니 먼저는 유대인에게요
그리고 헬라인에게라
11 이는 하나님께서 외모로 사
람을 취하지 아니하심이라

단어설명

**회개(2:4)** 잘못을 완전히 뉘우치며 하나님의 뜻대로 살고자 돌이키는 것이다.
**길이 참으심(2:4)** 하나님께서 즉시 심판하지 않으시고 그의 인자하심에 따라 심판을 보류하시는 오랜 기간을 말한다.
**멸시(2:4)** 가치를 낮게 평가하며 업신여기거나 하찮게 여겨 깔봄.

12 무릇 율법 없이 범죄한 자
는 또한 율법 없이 망하고
무릇 율법이 있고 범죄한
자는 율법으로 말미암아 심
판을 받으리라
13 하나님 앞에서는 율법을 듣
는 자가 의인이 아니요 오
직 율법을 행하는 자라야
의롭다 하심을 얻으리니
14 (율법 없는 이방인이 본성
으로 율법의 일을 행할 때
에는 이 사람은 율법이 없
어도 자기가 자기에게 율법
이 되나니
15 이런 이들은 그 양심이 증
거가 되어 그 생각들이 서
로 혹은 고발하며 혹은 변
명하여 그 마음에 새긴 율
법의 행위를 나타내느니라)
16 곧 나의 복음에 이른 바와
같이 하나님이 예수 그리스
도로 말미암아 사람들의 은
밀한 것을 심판하시는 그날
이라

### 유대인과 율법

17 유대인이라 불리는 네가 율
법을 의지하며 하나님을 자
랑하며
18 율법의 교훈을 받아 하나님
의 뜻을 알고 지극히 선한
것을 분간하며
19 맹인의 길을 인도하는 자요
어둠에 있는 자의 빛이요
20 율법에 있는 지식과 진리의

**단어설명**

**양심(2:15)** 옳고 그름, 선과 악에 대한 본능적인 판단과 도덕적인 의식. 스스로 이것에 어긋나는 일을 하거나 보면 죄책감을 느끼게 된다.
**은밀한 것(2:16)** 겉으로 다 드러나지 않는 마음 속 깊은 곳의 동기와 생각을 말한다.
**분간(2:18)** 사물이나 사람의 옳고 그름, 좋고 나쁨과 그 정체를 구별하거나 가려서 아는 것.

모본을 가진 자로서 어리석
은 자의 교사요 어린아이의
선생이라고 스스로 믿으니
21 그러면 다른 사람을 가르치
는 네가 네 자신은 가르치
지 아니하느냐 도둑질하지
말라 선포하는 네가 도둑질
하느냐
22 간음하지 말라 말하는 네가
간음하느냐 우상을 가증히
여기는 네가 신전 물건을
도둑질하느냐
23 율법을 자랑하는 네가 율법
을 범함으로 하나님을 욕되
게 하느냐
24 기록된 바와 같이 하나님의
이름이 너희 때문에 이방인
중에서 모독을 받는도다
25 네가 율법을 행하면 할례가
유익하나 만일 율법을 범하
면 네 할례는 무할례가 되
느니라
26 그런즉 무할례자가 율법의
규례를 지키면 그 무할례를
할례와 같이 여길 것이 아
니냐
27 또한 본래 무할례자가 율법
을 온전히 지키면 율법 조
문과 할례를 가지고 율법을
범하는 너를 정죄하지 아니
하겠느냐
28 무릇 표면적 유대인이 유대
인이 아니요 표면적 육신의
할례가 할례가 아니니라

단어설명

**모본(2:20)** 본보기가 되는 것.
**할례(2:25)** 남자 아이가 태어난 지 여드레 만에 생식기 끝의 껍질을 자르는 의식. 이스라엘에게 주신 언약의 표시이자 상징이었다.
**조문(2:27)** 규정이나 법령에서 조목으로 나누어 적은 글.

29 오직 이면적 유대인이 유대
인이며 할례는 마음에 할지
니 영에 있고 율법 조문에
있지 아니한 것이라 그 칭
찬이 사람에게서가 아니요
다만 하나님에게서니라

유대인이나 헬라인(이방인) 모두 죄 아래에 있다고 선언하며, 모든 사람이 하나님의 심판을 받게 됨을 선언합니다. 그러나 율법의 행위를 통한 것이 아닌 전혀 새로운 방법, 곧 예수 그리스도를 믿는 믿음으로 의롭게 될 수 있음을 강조합니다.

1 그런즉 유대인의 나음이 무
엇이며 할례의 유익이 무엇
이냐
2 범사에 많으니 우선은 그들
이 하나님의 말씀을 맡았음
이니라
3 어떤 자들이 믿지 아니하였
으면 어찌하리요 그 믿지
아니함이 하나님의 미쁘심
을 폐하겠느냐
4 그럴 수 없느니라 사람은 다
거짓되되 오직 하나님은 참
되시다 할지어다 기록된 바
주께서 주의 말씀에 의롭다
함을 얻으시고 판단 받으실
때에 이기려 하심이라
함과 같으니라
5 그러나 우리 불의가 하나님
의 의를 드러나게 하면 무
슨 말하리요 [내가 사람의
말하는 대로 말하노니] 진
노를 내리시는 하나님이 불
의하시냐
6 결코 그렇지 아니하니라 만

단어설명

**이면적 유대인(2:29)** 율법을 따라 행동만 거룩하게 하려는 자가 아니라 성령으로 마음이 새롭게 된 하나님의 자녀, 아브라함의 참된 영적 자녀를 말한다.
**하나님의 미쁘심(3:3)** 헬라어 '피스티스'는 믿음, 신실함을 뜻한다. 여기서는 '신실함'을 말한다.
**폐하겠느냐(3:3)** 무효하게 하다, 열매를 맺지 못하게 하다는 뜻이다.

일 그러하면 하나님께서 어
찌 세상을 심판하시리요
7 그러나 나의 거짓말로 하나
님의 참되심이 더 풍성하여
그의 영광이 되었다면 어찌
내가 죄인처럼 심판을 받으
리요
8 또는 그러면 선을 이루기
위하여 악을 행하자 하지
않겠느냐 어떤 이들이 이렇
게 비방하여 우리가 이런
말을 한다고 하니 그들은
정죄받는 것이 마땅하니라

**다 죄 아래에 있다**

9 그러면 어떠하냐 우리는 나
으냐 결코 아니라 유대인이
나 헬라인이나 다 죄 아래
에 있다고 우리가 이미 선
언하였느니라
10 기록된 바
의인은 없나니 하나도 없
으며
11 깨닫는 자도 없고 하나님
을 찾는 자도 없고
12 다 치우쳐 함께 무익하게
되고 선을 행하는 자는 없
나니 하나도 없도다
13 그들의 목구멍은 열린 무
덤이요 그 혀로는 속임을
일삼으며 그 입술에는 독
사의 독이 있고
14 그 입에는 저주와 악독이
가득하고
15 그 발은 피 흘리는 데 빠른

**단어설명**

**목구멍, 혀, 입술, 입(3:13,14)** 말로 짓는 죄를 설명하기 위해 사람이 말할 때 사용하는 기관을 나열했다.
**열린 무덤(3:13)** 무덤이 열리면 안에 있는 시신의 악취가 나오기 마련이다. 말을 할 때, 마음에 품은 악한 생각과 거짓이 드러나기에 목구멍을 열린 무덤에 비유했다.
**독사의 독(3:13)** 말로 인해 퍼지는 해로운 것들. 악한 계획과 말은 다른 사람에게 부정적인 영향을 준다.

지라
16 파멸과 고생이 그 길에 있어
17 평강의 길을 알지 못하였고
18 그들의 눈앞에 하나님을
두려워함이 없느니라
함과 같으니라

### 하나님의 의

19 우리가 알거니와 무릇 율법
이 말하는 바는 율법 아래
에 있는 자들에게 말하는
것이니 이는 모든 입을 막고
온 세상으로 하나님의 심판
아래에 있게 하려 함이라
20 그러므로 율법의 행위로 그
의 앞에 의롭다 하심을 얻
을 육체가 없나니 율법으로
는 죄를 깨달음이니라
21 이제는 율법 외에 하나님의
한 의가 나타났으니 율법과
선지자들에게 증거를 받은
것이라
22 곧 예수 그리스도를 믿음으
로 말미암아 모든 믿는 자
에게 미치는 하나님의 의니
차별이 없느니라
23 모든 사람이 죄를 범하였으
매 하나님의 영광에 이르지
못하더니
24 그리스도 예수 안에 있는
속량으로 말미암아 하나님
의 은혜로 값없이 의롭다
하심을 얻은 자 되었느니라
25 이 예수를 하나님이 그의
피로써 믿음으로 말미암는

**단어설명**

**악독(3:14)** 마음이 흉악하고 독함.
**죄를 깨달음(3:20)** 율법이 주어진 목적은 우리가 죄인임을 알게 하는 것이다.
**속량(3:24)** '몸값을 받고 놓아주다'라는 뜻으로, 예수님이 인간의 죗값을 대신 치르심으로, 그들을 구원하신 것을 의미한다.

화목제물로 세우셨으니 이
는 하나님께서 길이 참으시
는 중에 전에 지은 죄를 간
과하심으로 자기의 의로우
심을 나타내려 하심이니
26 곧 이때에 자기의 의로우심
을 나타내사 자기도 의로우
시며 또한 예수 믿는 자를
의롭다 하려 하심이라
27 그런즉 자랑할 데가 어디냐
있을 수가 없느니라 무슨
법으로냐 행위로냐 아니라
오직 믿음의 법으로니라
28 그러므로 사람이 의롭다 하
심을 얻는 것은 율법의 행
위에 있지 않고 믿음으로
되는 줄 우리가 인정하노라
29 하나님은 다만 유대인의 하
나님이시냐 또한 이방인의
하나님은 아니시냐 진실로
이방인의 하나님도 되시느
니라
30 할례자도 믿음으로 말미암
아 또한 무할례자도 믿음으
로 말미암아 의롭다 하실
하나님은 한 분이시니라
31 그런즉 우리가 믿음으로 말
미암아 율법을 파기하느냐
그럴 수 없느니라 도리어
율법을 굳게 세우느니라

신실하신 하나님의 약속(언약)을 믿는 믿음으로 의롭다 인정받은 아브라함이 예로 등장합니다. 아브라함과 마찬가지로, 우리 역시 행위가 아닌 예수님을 믿음으로 의롭다 인정을 받으며, 모든 것이 전적인 하나님의 은혜임을 설명합니다.

**단어설명**

**화목제물(3:25)** 옛 언약 안에 있던 대제사장은 일 년에 한 번 아무도 볼 수 없게 휘장으로 가려진 지성소에 들어가 죄 씻음을 위해 속죄소 위에 희생 제물의 피를 뿌렸다. 그러나 예수님은 제물이 되어 피 흘리심으로 단번에 모든 죄를 해결하시고 새 언약을 이루셨다.

**간과하다(3:25)** 큰 관심과 주목 없이 대강보아 넘기다.

## 아브라함의 믿음과 그로 말미암은 언약

1 그런즉 육신으로 우리 조상
인 아브라함이 무엇을 얻었
다 하리요
2 만일 아브라함이 행위로써
의롭다 하심을 받았으면 자
랑할 것이 있으려니와 하나
님 앞에서는 없느니라
3 성경이 무엇을 말하느냐 아
브라함이 하나님을 믿으매
그것이 그에게 의로 여겨진
바 되었느니라
4 일하는 자에게는 그 삯이
은혜로 여겨지지 아니하고
보수로 여겨지거니와
5 일을 아니할지라도 경건하
지 아니한 자를 의롭다 하시
는 이를 믿는 자에게는 그의
믿음을 의로 여기시나니
6 일한 것이 없이 하나님께
의로 여기심을 받는 사람의
복에 대하여 다윗이 말한 바
7 불법이 사함을 받고 죄가
가리어짐을 받는 사람들
은 복이 있고
8 주께서 그 죄를 인정하지
아니하실 사람은 복이 있
도다
함과 같으니라
9 그런즉 이 복이 할례자에게
냐 혹은 무할례자에게도냐
무릇 우리가 말하기를 아브
라함에게는 그 믿음이 의로
여겨졌다 하노라

**단어설명**

**아브라함(4:1)** 이스라엘 민족의 조상. 본명 아브람에서 '열국의 아버지'라는 뜻의 아브라함으로 하나님이 이름을 바꾸어주셨다. 하나님의 말씀에 순종해 고향을 떠나 약속의 땅 가나안으로 떠났다. 하나님의 약속을 믿는 믿음으로 의롭다 인정을 받은 믿음의 조상으로 불린다.
**삯(4:4)** 일한 데 대한 품값으로 주는 돈이나 물건.

10 그런즉 그것이 어떻게 여겨
졌느냐 할례시냐 무할례시
냐 할례시가 아니요 무할례
시니라
11 그가 할례의 표를 받은 것은
무할례시에 믿음으로 된 의
를 인친 것이니 이는 무할
례자로서 믿는 모든 자의
조상이 되어 그들도 의로 여
기심을 얻게 하려 하심이라
12 또한 할례자의 조상이 되었
나니 곧 할례 받을 자에게
뿐 아니라 우리 조상 아브
라함이 무할례시에 가졌던
믿음의 자취를 따르는 자들
에게도 그러하니라
13 아브라함이나 그 후손에게
세상의 상속자가 되리라고
하신 언약은 율법으로 말미
암은 것이 아니요 오직 믿음
의 의로 말미암은 것이니라
14 만일 율법에 속한 자들이 상
속자이면 믿음은 헛것이 되
고 약속은 파기되었느니라
15 율법은 진노를 이루게 하나
니 율법이 없는 곳에는 범
법도 없느니라
16 그러므로 상속자가 되는 그
것이 은혜에 속하기 위하여
믿음으로 되나니 이는 그
약속을 그 모든 후손에게
굳게 하려 하심이라 율법에
속한 자에게뿐만 아니라 아
브라함의 믿음에 속한 자에

**단어설명**

**할례시가 아니요 무할례시니라(4:10)** 아브라함은 의롭다 칭함을 받은 후 약 14년이 지나서 할례를 받았다. 따라서 믿음으로 의롭게 되는 것은 할례와는 무관하다.

**율법에 속한 자들(4:14)** 율법을 지키는 것이 의로움을 이루는 구원의 길이라고 생각하여 엄격하고 철저하게 율법을 지키며 살려고 하는 자들.

게도 그러하니 아브라함은
우리 모든 사람의 조상이라
17 기록된 바 내가 너를 많은
민족의 조상으로 세웠다 하
심과 같으니 그가 믿은 바
하나님은 죽은 자를 살리시
며 없는 것을 있는 것으로
부르시는 이시니라
18 아브라함이 바랄 수 없는
중에 바라고 믿었으니 이는
네 후손이 이같으리라 하신
말씀대로 많은 민족의 조상
이 되게 하려 하심이라
19 그가 백 세나 되어 자기 몸
이 죽은 것 같고 사라의 태
가 죽은 것 같음을 알고도
믿음이 약하여지지 아니하
고
20 믿음이 없어 하나님의 약속
을 의심하지 않고 믿음으로
견고하여져서 하나님께 영
광을 돌리며
21 약속하신 그것을 또한 능히
이루실 줄을 확신하였으니
22 그러므로 그것이 그에게 의
로 여겨졌느니라
23 그에게 의로 여겨졌다 기록
된 것은 아브라함만 위한
것이 아니요
24 의로 여기심을 받을 우리도
위함이니 곧 예수 우리 주
를 죽은 자 가운데서 살리
신 이를 믿는 자니라
25 예수는 우리가 범죄한 것

단어설명

**우리 모든 사람의 조상(4:16)** 유대인들은 아브라함의 육신적인 자손인 자신들과 예수님을 믿음으로 영적인 아브라함의 자손이 된 다른 민족 사이에 차별을 두려했다. 그러나 바울은 이런 차별의식을 깨뜨리며, 하나님의 언약을 근거로 제시하며 아브라함이 예수님을 믿는 모든 자의 조상이라고 표현하고 있다.

때문에 내줌이 되고 또한
우리를 의롭다 하시기 위하
여 살아나셨느니라

아담의 불순종으로 죄가 세상에 들어와 모든 사람이 죄 아래 살게 되었습니다. 그러나 하나님의 약속대로 이 땅에 오신 예수님의 순종으로, 그를 믿는 모든 자가 의롭다 여김을 받게 되었습니다. 예수님은 우리와 하나님 사이에 화평을 이루어주셨습니다.

### 의롭다 하심을 받은 사람의 삶

1 그러므로 우리가 믿음으로
의롭다 하심을 받았으니 우
리 주 예수 그리스도로 말
미암아 하나님과 화평을 누
리자
2 또한 그로 말미암아 우리가
믿음으로 서 있는 이 은혜에
들어감을 얻었으며 하나님
의 영광을 바라고 즐거워하
느니라
3 다만 이뿐 아니라 우리가
환난 중에도 즐거워하나니
이는 환난은 인내를,
4 인내는 연단을, 연단은 소
망을 이루는 줄 앎이로다
5 소망이 우리를 부끄럽게 하
지 아니함은 우리에게 주신
성령으로 말미암아 하나님
의 사랑이 우리 마음에 부
은 바 됨이니
6 우리가 아직 연약할 때에
기약대로 그리스도께서 경
건하지 않은 자를 위하여
죽으셨도다
7 의인을 위하여 죽는 자가
쉽지 않고 선인을 위하여

**단어설명**

**화평(5:1)** 화목하고 평온함. 주관적인 느낌이 아니라 하나님과 끊어졌던 관계가 완전히 회복되어 화목하게 되었음을 말한다.
**환난(5:3)** 근심과 재난. 그리스도인들이 예수님을 믿어 세상에서 겪게 되는 어려움과 괴로움을 말한다.
**연단(5:4)** 단련, 시련이나 수련 따위를 통해서 몸과 마음을 굳세게 닦음.

용감히 죽는 자가 혹 있거
니와
8 우리가 아직 죄인 되었을
때에 그리스도께서 우리를
위하여 죽으심으로 하나님
께서 우리에 대한 자기의
사랑을 확증하셨느니라
9 그러면 이제 우리가 그의
피로 말미암아 의롭다 하심
을 받았으니 더욱 그로 말
미암아 진노하심에서 구원
을 받을 것이니
10 곧 우리가 원수 되었을 때에
그의 아들의 죽으심으로 말
미암아 하나님과 화목하게
되었은즉 화목하게 된 자로
서는 더욱 그의 살아나심으
로 말미암아 구원을 받을
것이니라
11 그뿐 아니라 이제 우리로
화목하게 하신 우리 주 예
수 그리스도로 말미암아 하
나님 안에서 또한 즐거워하
느니라

### 아담과 그리스도

12 그러므로 한 사람으로 말미
암아 죄가 세상에 들어오고
죄로 말미암아 사망이 들어
왔나니 이와 같이 모든 사
람이 죄를 지었으므로 사망
이 모든 사람에게 이르렀느
니라
13 죄가 율법 있기 전에도 세
상에 있었으나 율법이 없었

단어설명

**연약할 때(5:6)** 무르고 약하다는 사전적인 의미 이상으로 스스로에게나 다른 사람에게 어떠한 선도 행할 능력이 없는 매우 무능한 상태를 의미한다.

**원수 되었을 때(5:10)** 하나님께 반항하는 죄인된 우리의 관점에서가 아닌, 하나님의 거룩하심으로 죄인이 된 우리와 멀어지실 수 밖에 없는 상태, 깨어진 관계를 말한다.

을 때에는 죄를 죄로 여기
지 아니하였느니라
14 그러나 아담으로부터 모세
까지 아담의 범죄와 같은
죄를 짓지 아니한 자들까지
도 사망이 왕 노릇 하였나
니 아담은 오실 자의 모형
이라
15 그러나 이 은사는 그 범죄
와 같지 아니하니 곧 한 사
람의 범죄를 인하여 많은
사람이 죽었은즉 더욱 하나
님의 은혜와 또한 한 사람
예수 그리스도의 은혜로 말
미암은 선물은 많은 사람에
게 넘쳤느니라
16 또 이 선물은 범죄한 한 사
람으로 말미암은 것과 같지
아니하니 심판은 한 사람으
로 말미암아 정죄에 이르렀
으나 은사는 많은 범죄로
말미암아 의롭다 하심에 이
름이니라
17 한 사람의 범죄로 말미암아
사망이 그 한 사람을 통하
여 왕 노릇 하였은즉 더욱
은혜와 의의 선물을 넘치게
받는 자들은 한 분 예수 그
리스도를 통하여 생명 안에
서 왕 노릇 하리로다
18 그런즉 한 범죄로 많은 사
람이 정죄에 이른 것같이
한 의로운 행위로 말미암아
많은 사람이 의롭다 하심을

단어설명

**모세(5:14)** 이스라엘 자손을 애굽의 노예 상태에서 구출해 독립된 한 민족을 형성하게 하고, 그들이 가나안 땅에 들어갈 수 있도록 준비시킨 이스라엘의 민족 영웅. 모세의 때에 하나님께서 이스라엘 백성에게 율법을 주셨다.

**오실 자의 모형(5:14)** 아담과 그리스도는 그에게 속한 모든 사람의 대표라는 점에서 비슷하다.

받아 생명에 이르렀느니라
19 한 사람이 순종하지 아니함
으로 많은 사람이 죄인 된
것같이 한 사람이 순종하심
으로 많은 사람이 의인이
되리라
20 율법이 들어온 것은 범죄를
더하게 하려 함이라 그러나
죄가 더한 곳에 은혜가 더
욱 넘쳤나니
21 이는 죄가 사망 안에서 왕
노릇 한 것같이 은혜도 또
한 의로 말미암아 왕 노릇
하여 우리 주 예수 그리스
도로 말미암아 영생에 이르
게 하려 함이라

구원을 받기 전 사람은 죄의 종처럼 살았습니다. 그러나 예수님을 믿는 성도들은 예수님과 연합하여 그의 죽으심과 부활에 참여한 자들로서 죄의 통치에서 벗어나 은혜 안에 머물게 되었습니다. 바울은 성도들에게 하나님의 뜻에 순종하며, 의의 열매를 맺고, 거룩함에 이를 것을 권면합니다.

## 그리스도와 함께 죽고 함께 산다

1 그런즉 우리가 무슨 말을
하리요 은혜를 더하게 하려
고 죄에 거하겠느냐
2 그럴 수 없느니라 죄에 대
하여 죽은 우리가 어찌 그
가운데 더 살리요
3 무릇 그리스도 예수와 합하
여 세례를 받은 우리는 그
의 죽으심과 합하여 세례를
받은 줄을 알지 못하느냐
4 그러므로 우리가 그의 죽으
심과 합하여 세례를 받음으

**단어설명**

**율법이…범죄를 더하게 하려(5:20)** 율법이 죄를 많이 짓게 만든다는 뜻이 아니라 무엇이 죄인지를 더 깨닫게 하고, 우리가 얼마나 많이 하나님의 뜻과 다르게 살고 있음을 알게 한다는 의미다.
**세례(6:3)** 죄를 물로 씻어 없앰을 상징하는 의식. 성도가 죄에 대하여 죽고 의에 대하여 살았음을 외적으로 표현하는 의식으로, 죄에 대하여 죽으셨던 예수님과의 연합을 의미한다.

로 그와 함께 장사되었나니
이는 아버지의 영광으로 말
미암아 그리스도를 죽은 자
가운데서 살리심과 같이 우
리로 또한 새 생명 가운데
서 행하게 하려 함이라
5 만일 우리가 그의 죽으심과
같은 모양으로 연합한 자가
되었으면 또한 그의 부활과
같은 모양으로 연합한 자도
되리라
6 우리가 알거니와 우리의 옛
사람이 예수와 함께 십자가
에 못 박힌 것은 죄의 몸이
죽어 다시는 우리가 죄에게
종노릇하지 아니하려 함이
니
7 이는 죽은 자가 죄에서 벗
어나 의롭다 하심을 얻었음
이라
8 만일 우리가 그리스도와 함
께 죽었으면 또한 그와 함
께 살 줄을 믿노니
9 이는 그리스도께서 죽은 자
가운데서 살아나셨으매 다
시 죽지 아니하시고 사망이
다시 그를 주장하지 못할
줄을 앎이로라
10 그가 죽으심은 죄에 대하여
단번에 죽으심이요 그가 살
아 계심은 하나님께 대하여
살아 계심이니
11 이와 같이 너희도 너희 자
신을 죄에 대하여는 죽은

**단어설명**

**옛 사람(6:6)** 성도가 예수님을 믿기 전에 죄와 죽음의 통치 아래에 있던, 거듭나지 않았던 상태의 자아를 말한다.
**단번에(6:10)** 구약의 제사는 해마다 반복되었다. 그리스도의 제사는 한 번으로 영원히 드려졌으므로 반복할 필요가 없다.

자요 그리스도 예수 안에서
하나님께 대하여는 살아 있
는 자로 여길지어다
12 그러므로 너희는 죄가 너희
죽을 몸을 지배하지 못하게
하여 몸의 사욕에 순종하지
말고
13 또한 너희 지체를 불의의
무기로 죄에게 내주지 말고
오직 너희 자신을 죽은 자
가운데서 다시 살아난 자같
이 하나님께 드리며 너희
지체를 의의 무기로 하나님
께 드리라
14 죄가 너희를 주장하지 못하
리니 이는 너희가 법 아래
에 있지 아니하고 은혜 아
래에 있음이라

### 의의 종

15 그런즉 어찌하리요 우리가
법 아래에 있지 아니하고
은혜 아래에 있으니 죄를
지으리요 그럴 수 없느니라
16 너희 자신을 종으로 내주어
누구에게 순종하든지 그 순
종함을 받는 자의 종이 되
는 줄을 너희가 알지 못하
느냐 혹은 죄의 종으로 사
망에 이르고 혹은 순종의
종으로 의에 이르느니라
17 하나님께 감사하리로다 너
희가 본래 죄의 종이더니
너희에게 전하여 준 바 교훈
의 본을 마음으로 순종하여

**단어설명**

**사욕(6:12)** 자기 자신의 이기적인 이익만을 꾀하는 욕심.
**지체(6:13)** 사람의 팔다리라는 의미 이상으로, 지·정·의를 포함한 우리의 전인격을 말한다.
**법 아래, 은혜 아래(6:14)** 법 아래에 있다는 것은 율법의 정죄에서 자유롭지 못한 죄인의 상태임을 말한다. 그러나 예수님을 영접한 사람은 죄에서 해방시키시는 하나님의 은혜 아래에 있는 사람이다.

18 죄로부터 해방되어 의에게
종이 되었느니라
19 너희 육신이 연약하므로 내
가 사람의 예대로 말하노니
전에 너희가 너희 지체를 부
정과 불법에 내주어 불법에
이른 것같이 이제는 너희
지체를 의에게 종으로 내주
어 거룩함에 이르라
20 너희가 죄의 종이 되었을 때
에는 의에 대하여 자유로웠
느니라
21 너희가 그때에 무슨 열매를
얻었느냐 이제는 너희가 그
일을 부끄러워하나니 이는
그 마지막이 사망임이라
22 그러나 이제는 너희가 죄로
부터 해방되고 하나님께 종
이 되어 거룩함에 이르는
열매를 맺었으니 그 마지막
은 영생이라
23 죄의 삯은 사망이요 하나님
의 은사는 그리스도 예수
우리 주 안에 있는 영생이
니라

율법은 하나님의 의의 기준을 알려 주어 우리 죄를 깨닫게 하지만, 죄를 해결해 줄 수는 없습니다. 바울은 율법의 요구를 지키며 선을 행하려 노력할 지라도, 죄에서 벗어날 수 없는 우리의 곤고함을 고백하며, 유일한 구원자이신 예수님을 소개합니다.

### 혼인 관계로 비유한 율법과 죄

1 형제들아 내가 법 아는 자
들에게 말하노니 너희는 그
법이 사람이 살 동안만 그
를 주관하는 줄 알지 못하

**단어설명**

**해방(6:18)** 구속이나 억압, 부담에서 벗어나 자유를 얻는 것을 뜻한다.
**사망(6:21)** 단순한 몸의 죽음만이 아니라, 죽음 이후 이어지는 하나님으로부터의 영원한 분리를 말한다.
**삯, 은사(6:23)** '삯'은 행동의 대가로 마땅히 받게 되는 결과를 의미하지만, '은사'는 값없이 주어지는 은혜의 선물이다.

느냐
2 남편 있는 여인이 그 남편
생전에는 법으로 그에게 매
인 바 되나 만일 그 남편이
죽으면 남편의 법에서 벗어
나느니라
3 그러므로 만일 그 남편 생
전에 다른 남자에게 가면
음녀라 그러나 만일 남편이
죽으면 그 법에서 자유롭게
되나니 다른 남자에게 갈지
라도 음녀가 되지 아니하느
니라
4 그러므로 내 형제들아 너희
도 그리스도의 몸으로 말미
암아 율법에 대하여 죽임을
당하였으니 이는 다른 이 곧
죽은 자 가운데서 살아나신
이에게 가서 우리가 하나님
을 위하여 열매를 맺게 하려
함이라
5 우리가 육신에 있을 때에는
율법으로 말미암는 죄의 정
욕이 우리 지체 중에 역사
하여 우리로 사망을 위하여
열매를 맺게 하였더니
6 이제는 우리가 얽매였던 것
에 대하여 죽었으므로 율법
에서 벗어났으니 이러므로
우리가 영의 새로운 것으로
섬길 것이요 율법 조문의
묵은 것으로 아니할지니라
7 그런즉 우리가 무슨 말을
하리요 율법이 죄냐 그럴

단어설명

**열매(7:4)** 보통 노력한 일의 성과를 의미하는 비유적인 표현으로, 여기에서는 새로워진 생각과 태도로, 우리의 행동과 삶 가운데 죄가 아닌 하나님의 의로우심을 나타내는 것을 말한다.
**율법이 죄냐(7:7)** 바울은 로마서를 읽는 유대인들이 율법 자체가 악한 것이라고 오해하지 않도록 강조하여 설명하고 있다.

수 없느니라 율법으로 말미
암지 않고는 내가 죄를 알
지 못하였으니 곧 율법이
탐내지 말라 하지 아니하였
더라면 내가 탐심을 알지
못하였으리라
8 그러나 죄가 기회를 타서
계명으로 말미암아 내 속에
서 온갖 탐심을 이루었나니
이는 율법이 없으면 죄가
죽은 것임이라
9 전에 율법을 깨닫지 못했을
때에는 내가 살았더니 계명
이 이르매 죄는 살아나고
나는 죽었도다
10 생명에 이르게 할 그 계명
이 내게 대하여 도리어 사
망에 이르게 하는 것이 되었
도다
11 죄가 기회를 타서 계명으로
말미암아 나를 속이고 그것
으로 나를 죽였는지라
12 이로 보건대 율법은 거룩하
고 계명도 거룩하고 의로우
며 선하도다
13 그런즉 선한 것이 내게 사
망이 되었느냐 그럴 수 없
느니라 오직 죄가 죄로 드
러나기 위하여 선한 그것으
로 말미암아 나를 죽게 만
들었으니 이는 계명으로 말
미암아 죄로 심히 죄 되게
하려 함이라
14 우리가 율법은 신령한 줄

**단어설명**

**탐심(7:7)** 갖지 못한 대상을 탐내는 욕심스러운 마음.
**죄가 죽은 것(7:8)** 죄가 사라졌다거나 해결되었다는 뜻이 아니라 잠재되어 있다는 뜻이다.
**거룩하고…선하도다(7:12)** 율법의 본질적인 성격이다. 율법은 하나님께서 자신의 성품을 담아 우리에게 주셨기에 거룩하고 선하며, 하나님의 기준에서 옳은 것을 요구하므로 의롭다.

알거니와 나는 육신에 속하
여 죄 아래에 팔렸도다
15 내가 행하는 것을 내가 알지
못하노니 곧 내가 원하는 것
은 행하지 아니하고 도리어
미워하는 것을 행함이라
16 만일 내가 원하지 아니하는
그것을 행하면 내가 이로써
율법이 선한 것을 시인하노니
17 이제는 그것을 행하는 자가
내가 아니요 내 속에 거하는
죄니라
18 내 속 곧 내 육신에 선한 것
이 거하지 아니하는 줄을
아노니 원함은 내게 있으나
선을 행하는 것은 없노라
19 내가 원하는 바 선은 행하지
아니하고 도리어 원하지 아
니하는 바 악을 행하는도다
20 만일 내가 원하지 아니하는
그것을 하면 이를 행하는
자는 내가 아니요 내 속에
거하는 죄니라
21 그러므로 내가 한 법을 깨
달았노니 곧 선을 행하기
원하는 나에게 악이 함께
있는 것이로다
22 내 속사람으로는 하나님의
법을 즐거워하되
23 내 지체 속에서 한 다른 법
이 내 마음의 법과 싸워 내
지체 속에 있는 죄의 법으
로 나를 사로잡는 것을 보
는도다

단어설명

**시인(7:16)** 어떤 내용이나 사실이 옳거나 그러하다고 인정함.
**이제는(7:17)** 원어로 볼 때, 단편적인 변화가 아닌 완전하고 영원한 변화를 뜻한다.
**한 법(7:21)** 율법이나 하나님의 뜻을 가리킨다기보다 어떤 하나의 원리, 영적인 법칙을 말한다.
**속사람(7:22)** 선한 일을 하고 싶어하는 자아를 가리킨다.

24 오호라 나는 곤고한 사람이
로다 이 사망의 몸에서 누
가 나를 건져내랴
25 우리 주 예수 그리스도로
말미암아 하나님께 감사하
리로다 그런즉 내 자신이
마음으로는 하나님의 법을
육신으로는 죄의 법을 섬기
노라

믿음으로 새 생명을 얻는 사람은 정죄와 사망에서 완전히 벗어났습니다. 성령님은 우리가 하나님의 자녀다워질 수 있도록 계속해서 도우십니다. 바울은 그 어떤 것도 우리를 향한 하나님의 사랑을 끊을 수가 없음을 분명히 합니다.

### 생명의 성령의 법

1 그러므로 이제 그리스도 예
수 안에 있는 자에게는 결코
정죄함이 없나니
2 이는 그리스도 예수 안에 있
는 생명의 성령의 법이 죄와
사망의 법에서 너를 해방하
였음이라
3 율법이 육신으로 말미암아
연약하여 할 수 없는 그것
을 하나님은 하시나니 곧
죄로 말미암아 자기 아들을
죄 있는 육신의 모양으로
보내어 육신에 죄를 정하사
4 육신을 따르지 않고 그 영을
따라 행하는 우리에게 율법
의 요구가 이루어지게 하려
하심이니라
5 육신을 따르는 자는 육신의
일을, 영을 따르는 자는 영
의 일을 생각하나니

**단어설명**

**곤고하다(7:24)** 형편이나 처지가 어렵고 딱하다.
**정죄(8:1)** 죄가 있다고 단정하는 것인데, 여기에서는 심판의 결과로 오는 유죄 판결을 말한다.
**죄와 사망의 법(8:2)** 여기서 '법'은 율법을 말하지 않고 어떠한 '원리'를 말한다.
**육신에 죄를 정하사(8:3)** 예수님께 사람의 죄를 모두 넘겨씌웠다는 뜻이다.

6 육신의 생각은 사망이요 영의
생각은 생명과 평안이니라
7 육신의 생각은 하나님과 원
수가 되나니 이는 하나님의
법에 굴복하지 아니할 뿐
아니라 할 수도 없음이라
8 육신에 있는 자들은 하나님을
기쁘시게 할 수 없느니라
9 만일 너희 속에 하나님의 영
이 거하시면 너희가 육신에
있지 아니하고 영에 있나니
누구든지 그리스도의 영이
없으면 그리스도의 사람이
아니라
10 또 그리스도께서 너희 안에
계시면 몸은 죄로 말미암아
죽은 것이나 영은 의로 말
미암아 살아 있는 것이니라
11 예수를 죽은 자 가운데서
살리신 이의 영이 너희 안에
거하시면 그리스도 예수를
죽은 자 가운데서 살리신
이가 너희 안에 거하시는
그의 영으로 말미암아 너희
죽을 몸도 살리시리라
12 그러므로 형제들아 우리가
빚진 자로되 육신에게 져서
육신대로 살 것이 아니니라
13 너희가 육신대로 살면 반드
시 죽을 것이로되 영으로써
몸의 행실을 죽이면 살리니
14 무릇 하나님의 영으로 인도
함을 받는 사람은 곧 하나님
의 아들이라

**단어설명**

**육신의 생각(8:6)** 하나님과 반대되는 것을 추구하며 타락하고 죄 많은 본성대로 세상을 좇아가기 원하는 모든 것을 말한다.
**굴복하다(8:7)** 힘이 모자라서 복종하다.
**그리스도(8:9)** '기름부음 받은 자'라는 뜻으로, 이스라엘 백성을 구원할 자라는 의미.

15 너희는 다시 무서워하는 종
의 영을 받지 아니하고 양
자의 영을 받았으므로 우리
가 아빠 아버지라고 부르짖
느니라
16 성령이 친히 우리의 영과
더불어 우리가 하나님의 자
녀인 것을 증언하시나니
17 자녀이면 또한 상속자 곧
하나님의 상속자요 그리스
도와 함께한 상속자니 우리
가 그와 함께 영광을 받기
위하여 고난도 함께 받아야
할 것이니라

### 모든 피조물이 구원을 고대하다

18 생각하건대 현재의 고난은
장차 우리에게 나타날 영광
과 비교할 수 없도다
19 피조물이 고대하는 바는 하
나님의 아들들이 나타나는
것이니
20 피조물이 허무한 데 굴복하
는 것은 자기 뜻이 아니요
오직 굴복하게 하시는 이로
말미암음이라
21 그 바라는 것은 피조물도
썩어짐의 종노릇한 데서 해
방되어 하나님의 자녀들의
영광의 자유에 이르는 것이
니라
22 피조물이 다 이제까지 함께
탄식하며 함께 고통을 겪고
있는 것을 우리가 아느니라
23 그뿐 아니라 또한 우리 곧

**단어설명**

**아빠(8:15)** 아버지를 뜻하는 아람어 단어로, 일상적이고 친밀한 분위기에서 아버지를 부를 때 쓴다.
**상속자(8:17)** 재산이나 유산 등을 물려받는 사람을 뜻하는데, 여기에서는 우리가 하나님이 약속하신 것들, 다시 말해 구원과 영생, 하나님 나라를 얻게 될 것임을 말한다.
**피조물(8:19)** 인간을 제외한 모든 자연만물.

성령의 처음 익은 열매를
받은 우리까지도 속으로 탄
식하여 양자 될 것 곧 우리
몸의 속량을 기다리느니라
24 우리가 소망으로 구원을 얻
었으매 보이는 소망이 소망
이 아니니 보는 것을 누가
바라리요
25 만일 우리가 보지 못하는
것을 바라면 참음으로 기다
릴지니라
26 이와 같이 성령도 우리의
연약함을 도우시나니 우리
는 마땅히 기도할 바를 알
지 못하나 오직 성령이 말할
수 없는 탄식으로 우리를 위
하여 친히 간구하시느니라

27 마음을 살피시는 이가 성령
의 생각을 아시나니 이는 성
령이 하나님의 뜻대로 성도
를 위하여 간구하심이니라
28 우리가 알거니와 하나님을
사랑하는 자 곧 그의 뜻대로
부르심을 입은 자들에게는
모든 것이 합력하여 선을
이루느니라
29 하나님이 미리 아신 자들을
또한 그 아들의 형상을 본
받게 하기 위하여 미리 정하
셨으니 이는 그로 많은 형제
중에서 맏아들이 되게 하려
하심이니라
30 또 미리 정하신 그들을 또한
부르시고 부르신 그들을 또

단어설명

**성령의 처음 익은 열매(8:23)** '성령을 첫 열매로 받은 우리'라는 뜻으로, 첫 열매가 장차 얻게 될 수많은 열매를 보증하듯이 성령이 장차 있을 완전한 구원을 보증하고 계심을 말한다.
**마음을 살피시는 이(8:27)** 구약에서 하나님에 대한 칭호로 자주 나타나는 말이다.
**미리 아신 자들(8:29)** 하나님이 세상이 창조되기 전에 우리를 사랑하시고 선택하셨음을 말한다.

한 의롭다 하시고 의롭다
하신 그들을 또한 영화롭게
하셨느니라

### 그리스도의 사랑 하나님의 사랑

31 그런즉 이 일에 대하여 우리
가 무슨 말 하리요 만일 하
나님이 우리를 위하시면 누
가 우리를 대적하리요
32 자기 아들을 아끼지 아니하
시고 우리 모든 사람을 위하
여 내주신 이가 어찌 그 아들
과 함께 모든 것을 우리에
게 주시지 아니하겠느냐
33 누가 능히 하나님께서 택하
신 자들을 고발하리요 의롭
다 하신 이는 하나님이시니
34 누가 정죄하리요 죽으실 뿐
아니라 다시 살아나신 이는
그리스도 예수시니 그는 하
나님 우편에 계신 자요 우
리를 위하여 간구하시는 자
시니라
35 누가 우리를 그리스도의 사
랑에서 끊으리요 환난이나
곤고나 박해나 기근이나 적
신이나 위험이나 칼이랴
36 기록된 바

우리가 종일 주를 위하여
죽임을 당하게 되며 도살
당할 양같이 여김을 받았
나이다

함과 같으니라
37 그러나 이 모든 일에 우리를
사랑하시는 이로 말미암아

**단어설명**

**영화롭게 하셨느니라(8:30)** 부활하신 예수님의 모습처럼 되는 것을 뜻한다.
**환난이나…칼이랴(8:35)** 바울 자신이 겪어야했던 어려움들로, 예수님을 믿기 때문에 겪는 수많은 환경적·관계적 어려움을 모두 포함한다.
**적신(8:35)** 벌거벗은 몸을 말한다.

우리가 넉넉히 이기느니라
38 내가 확신하노니 사망이나
생명이나 천사들이나 권세
자들이나 현재 일이나 장래
일이나 능력이나
39 높음이나 깊음이나 다른 어
떤 피조물이라도 우리를 우
리 주 그리스도 예수 안에
있는 하나님의 사랑에서 끊
을 수 없으리라

바울은 하나님께서 이스라엘 백성들을 택하신 것은 온전히 주님의 주권과 계획으로 인한 것이었음을 이야기합니다. 구약 성경을 인용하면서 하나님의 주권적인 부르심 안에서 이방인들과 소수의 유대인들이 구원받은 백성이 되었음을 설명합니다.

## 약속의 자녀 약속의 말씀

1-2 내가 그리스도 안에서 참말
을 하고 거짓말을 아니하노
라 나에게 큰 근심이 있는
것과 마음에 그치지 않는
고통이 있는 것을 내 양심이
성령 안에서 나와 더불어
증언하노니
3 나의 형제 곧 골육의 친척을
위하여 내 자신이 저주를
받아 그리스도에게서 끊어
질지라도 원하는 바로라
4 그들은 이스라엘 사람이라
그들에게는 양자 됨과 영광
과 언약들과 율법을 세우신
것과 예배와 약속들이 있고
5 조상들도 그들의 것이요 육
신으로 하면 그리스도가 그
들에게서 나셨으니 그는 만
물 위에 계셔서 세세에 찬

단어설명

**사망이나 생명(8:38)** 인간의 생애 전체를 말한다.
**현재 일이나 장래 일, 높음이나 깊음(8:38,39)** 시간적인 개념, 공간적인 개념과 연결된 모든 것들.
**다른 어떤 피조물(8:39)** 창조주 하나님을 제외한 이 세상의 모든 것을 말한다.
**나의 형제 곧 골육의 친척(9:3)** 바울의 동족인 이스라엘 백성들.

양을 받으실 하나님이시니
라 아멘
6 그러나 하나님의 말씀이 폐
하여진 것 같지 않도다 이
스라엘에게서 난 그들이 다
이스라엘이 아니요
7 또한 아브라함의 씨가 다 그
의 자녀가 아니라 오직 이삭
으로부터 난 자라야 네 씨라
불리리라 하셨으니
8 곧 육신의 자녀가 하나님의
자녀가 아니요 오직 약속의
자녀가 씨로 여기심을 받느
니라
9 약속의 말씀은 이것이니 명
년 이때에 내가 이르리니 사
라에게 아들이 있으리라 하
심이라
10 그뿐 아니라 또한 리브가가
우리 조상 이삭 한 사람으로
말미암아 임신하였는데
11 그 자식들이 아직 나지도 아
니하고 무슨 선이나 악을
행하지 아니한 때에 택하심
을 따라 되는 하나님의 뜻이
행위로 말미암지 않고 오직
부르시는 이로 말미암아 서
게 하려 하사
12 리브가에게 이르시되 큰 자
가 어린 자를 섬기리라 하셨
나니
13 기록된 바 내가 야곱은 사
랑하고 에서는 미워하였다
하심과 같으니라

단어설명

**폐하여지다(9:6)** 무효가 되게 하다.
**아브라함의 씨(9:7)** 하갈과 그두라를 통해 태어난 아브라함의 다른 자녀들은 하나님의 약속의 백성이 아니었다. 이는 사라의 특별함을 말하는 것이 아니라 하나님의 언약을 강조하는 것이다.
**명년(9:9)** 올해의 다음 해. 내년.

14 그런즉 우리가 무슨 말을
하리요 하나님께 불의가 있
느냐 그럴 수 없느니라
15 모세에게 이르시되 내가 긍
휼히 여길 자를 긍휼히 여기
고 불쌍히 여길 자를 불쌍히
여기리라 하셨으니
16 그런즉 원하는 자로 말미암
음도 아니요 달음박질하는
자로 말미암음도 아니요 오
직 긍휼히 여기시는 하나님
으로 말미암음이니라
17 성경이 바로에게 이르시되
내가 이 일을 위하여 너를
세웠으니 곧 너로 말미암아
내 능력을 보이고 내 이름
이 온 땅에 전파되게 하려
함이라 하셨으니
18 그런즉 하나님께서 하고자
하시는 자를 긍휼히 여기시
고 하고자 하시는 자를 완
악하게 하시느니라

### 하나님의 진노와 긍휼

19 혹 네가 내게 말하기를 그
러면 하나님이 어찌하여 허
물하시느냐 누가 그 뜻을
대적하느냐 하리니
20 이 사람아 네가 누구이기에
감히 하나님께 반문하느냐
지음을 받은 물건이 지은 자
에게 어찌 나를 이같이 만들
었느냐 말하겠느냐
21 토기장이가 진흙 한 덩이로
하나는 귀히 쓸 그릇을, 하나

**단어설명**

**원하는 자, 달음박질하는 자(9:16)** 인간의 선택이나 갈망, 노력을 표현하는 말이다.
**허물하다(9:19)** 허물을 들어 꾸짖고 비난하다.
**반문하다(9:20)** 상대의 주장이나 의견에 대하여 동의하지 않는 부분이 있어 이의를 제기하며 따져 질문하는 것.

는 천히 쓸 그릇을 만들 권한
이 없느냐
22 만일 하나님이 그의 진노를
보이시고 그의 능력을 알게
하고자 하사 멸하기로 준비
된 진노의 그릇을 오래 참으
심으로 관용하시고
23 또한 영광 받기로 예비하신
바 긍휼의 그릇에 대하여 그
영광의 풍성함을 알게 하고
자 하셨을지라도 무슨 말을
하리요
24 이 그릇은 우리니 곧 유대인
중에서뿐 아니라 이방인 중
에서도 부르신 자니라
25 호세아의 글에도 이르기를
내가 내 백성 아닌 자를 내
백성이라, 사랑하지 아니한
자를 사랑한 자라 부르리라
26 너희는 내 백성이 아니라 한
그곳에서 그들이 살아 계신
하나님의 아들이라 일컬음
을 받으리라
함과 같으니라
27 또 이사야가 이스라엘에 관
하여 외치되 이스라엘 자손
들의 수가 비록 바다의 모래
같을지라도 남은 자만 구원
을 받으리니
28 주께서 땅 위에서 그 말씀
을 이루고 속히 시행하시리
라 하셨느니라
29 또한 이사야가 미리 말한 바
만일 만군의 주께서 우리

단어설명

**진노의 그릇(9:22)** 마음이 완악하여 회개하고 돌이킬 생각이 없는 사람들을 비유한다.
**호세아의 글(9:25)** 호세아가 북이스라엘 열 지파의 타락과 회복을 예언한 구절이다. 바울은 범죄한 이스라엘이 하나님의 백성이 되는 것에 이방인이 하나님의 백성이 되는 것을 적용하고 있다.
**시행하다(9:28)** 실제로 그렇게 행하다.

에게 씨를 남겨 두지 아니
하셨더라면 우리가 소돔과
같이 되고 고모라와 같았
으리로다
함과 같으니라

믿음에서 난 의

30 그런즉 우리가 무슨 말을
하리요 의를 따르지 아니한
이방인들이 의를 얻었으니
곧 믿음에서 난 의요
31 의의 법을 따라간 이스라엘
은 율법에 이르지 못하였으
니
32 어찌 그러하냐 이는 그들이
믿음을 의지하지 않고 행위
를 의지함이라 부딪칠 돌에
부딪쳤느니라
33 기록된 바
보라 내가 걸림돌과 거치
는 바위를 시온에 두노니
그를 믿는 자는 부끄러움
을 당하지 아니하리라
함과 같으니라

## 10

유대인들은 율법을 지킴으로 구원을 얻고자 하는 구원관에서 벗어나지 못하고, 바울은 그런 그들을 안타까워합니다. 복음을 들을 기회가 부족했던 것이 아니라, 그들의 완고함 때문에 믿음으로 반응하지 않았음을 분명히 언급합니다.

1 형제들아 내 마음에 원하는
바와 하나님께 구하는 바는
이스라엘을 위함이니 곧 그
들로 구원을 받게 함이라
2 내가 증언하노니 그들이 하
나님께 열심이 있으나 올바
른 지식을 따른 것이 아니

**단어설명**

**소돔, 고모라(9:29)** 아브라함 시대 때, 하나님께 가장 강력한 심판을 받았던 성읍이다.
**부딪칠 돌(9:32)** 예수님을 말한다.
**시온(9:33)** 예루살렘의 서남쪽에 있는 산 이름. 예루살렘을 가리키기도 하며 장차 하늘의 새 예루살렘을 가리키기도 한다.

니라

3 하나님의 의를 모르고 자기
의를 세우려고 힘써 하나님
의 의에 복종하지 아니하였
느니라

4 그리스도는 모든 믿는 자에
게 의를 이루기 위하여 율법
의 마침이 되시니라

5 모세가 기록하되 율법으로
말미암는 의를 행하는 사람
은 그 의로 살리라 하였거
니와

6 믿음으로 말미암는 의는 이
같이 말하되 네 마음에 누
가 하늘에 올라가겠느냐 하
지 말라 하니 올라가겠느냐
함은 그리스도를 모셔 내리
려는 것이요

7 혹은 누가 무저갱에 내려가
겠느냐 하지 말라 하니 내려
가겠느냐 함은 그리스도를
죽은 자 가운데서 모셔 올리
려는 것이라

8 그러면 무엇을 말하느냐 말
씀이 네게 가까워 네 입에
있으며 네 마음에 있다 하
였으니 곧 우리가 전파하는
믿음의 말씀이라

9 네가 만일 네 입으로 예수
를 주로 시인하며 또 하나
님께서 그를 죽은 자 가운
데서 살리신 것을 네 마음
에 믿으면 구원을 받으리라

10 사람이 마음으로 믿어 의에

단어설명

**하나님의 의(10:3)** 하나님이 의로운 분이시라는 의미보다는 우리의 믿음을 근거로 하여 예수님을 통해 구원을 주시는 것을 말한다.
**무저갱(10:7)** '끝없이 깊은 곳'으로서 죽음의 영역을 의미한다.
**예수를 주로 시인하며(10:9)** '예수님은 주님이시다'라는 표현은 초기 교회의 신앙고백이었다.

이르고 입으로 시인하여 구
원에 이르느니라
11 성경에 이르되 누구든지 그
를 믿는 자는 부끄러움을
당하지 아니하리라 하니
12 유대인이나 헬라인이나 차
별이 없음이라 한 분이신
주께서 모든 사람의 주가
되사 그를 부르는 모든 사
람에게 부요하시도다
13 누구든지 주의 이름을 부르
는 자는 구원을 받으리라
14 그런즉 그들이 믿지 아니하
는 이를 어찌 부르리요 듣
지도 못한 이를 어찌 믿으리
요 전파하는 자가 없이 어
찌 들으리요
15 보내심을 받지 아니하였으
면 어찌 전파하리요 기록된
바 아름답도다 좋은 소식을
전하는 자들의 발이여 함과
같으니라

**믿음과 들음과 그리스도의 말씀**

16 그러나 그들이 다 복음을
순종하지 아니하였도다 이
사야가 이르되 주여 우리가
전한 것을 누가 믿었나이까
하였으니
17 그러므로 믿음은 들음에서
나며 들음은 그리스도의 말
씀으로 말미암았느니라
18 그러나 내가 말하노니 그들
이 듣지 아니하였느냐 그렇
지 아니하니

**단어설명**

**시인하여(10:10)** 원어적으로 '같은 말을 하다, 어떤 사람과 의견이 같다'는 의미가 있다. 이는 예수님을 구원자로 약속하시고 보내신 하나님과, 예수님을 증언하시는 성령님께 동의한다는 의미가 된다.
**부끄러움(10:11)** 마지막 심판의 때에 경험하게 될 수치를 말한다.
**전파(10:14)** 어떠한 소식이나 가르침 등을 전하여 널리 퍼뜨림.

그 소리가 온 땅에 퍼졌고
그 말씀이 땅끝까지 이르렀도다
하였느니라
19 그러나 내가 말하노니 이스라엘이 알지 못하였느냐 먼저 모세가 이르되
내가 백성 아닌 자로써 너희를 시기하게 하며 미련한 백성으로써 너희를 노엽게 하리라
하였고
20 이사야는 매우 담대하여
내가 나를 찾지 아니한 자들에게 찾은 바 되고 내게 묻지 아니한 자들에게 나타났노라
말하였고
21 이스라엘에 대하여 이르되 순종하지 아니하고 거슬러 말하는 백성에게 내가 종일 내 손을 벌렸노라 하였느니라

하나님은 이스라엘을 구원하고자 하셨지만, 유대인 대부분이 예수님을 거절하여 복음이 이방인을 향해 전해졌습니다. 그러나 바울은 하나님께서 그들을 버리지 않고 돌아오기를 기다리고 계시며, 하나님의 구원의 때에 이스라엘이 반드시 회복될 것임을 강조합니다.

### 이스라엘의 남은 자

1 그러므로 내가 말하노니 하나님이 자기 백성을 버리셨느냐 그럴 수 없느니라 나도 이스라엘인이요 아브라함의 씨에서 난 자요 베냐민 지파라

**단어설명**

**백성 아닌 자(10:19)** 하나님이 택한 백성인 이스라엘의 일부가 아닌 이방인들을 말한다. 하나님께서는 다른 민족에게 은혜를 베풀어 이스라엘이 시기하게 하시겠다고 이미 모세의 때에 말씀하셨다.
**노엽게 하다(10:19)** 화가 날 만큼 분하고, 섭섭하게 하다.
**거스르다(10:21)** 남의 말이나 가르침, 명령과 어긋나는 태도를 취하다.

2 하나님이 그 미리 아신 자
기 백성을 버리지 아니하셨
나니 너희가 성경이 엘리야
를 가리켜 말한 것을 알지
못하느냐 그가 이스라엘을
하나님께 고발하되
3 주여 그들이 주의 선지자들
을 죽였으며 주의 제단들을
헐어 버렸고 나만 남았는데
내 목숨도 찾나이다 하니
4 그에게 하신 대답이 무엇이
냐 내가 나를 위하여 바알
에게 무릎을 꿇지 아니한
사람 칠천 명을 남겨 두었
다 하셨으니
5 그런즉 이와 같이 지금도
은혜로 택하심을 따라 남은
자가 있느니라
6 만일 은혜로 된 것이면 행위
로 말미암지 않음이니 그렇
지 않으면 은혜가 은혜 되지
못하느니라
7 그런즉 어떠하냐 이스라엘
이 구하는 그것을 얻지 못
하고 오직 택하심을 입은
자가 얻었고 그 남은 자들
은 우둔하여졌느니라
8 기록된 바 하나님이 오늘까
지 그들에게 혼미한 심령과
보지 못할 눈과 듣지 못할
귀를 주셨다 함과 같으니라
9 또 다윗이 이르되
그들의 밥상이 올무와 덫
과 거치는 것과 보응이 되

**단어설명**

**선지자(11:3)** 하나님의 계시로 닥쳐올 일을 미리 알아 백성들에게 전하고 인도하는 사람.
**바알(11:4)** 가나안 지역의 우상으로 이스라엘에 깊이 침투해 있었다.
**우둔하다(11:7)** 유대인들이 예수님을 통한 구원의 메시지에 제대로 반응할 수 없도록 영적으로 무감각하게 되었다는 표현이다.

게 하시옵고
10 그들의 눈은 흐려 보지 못
하고 그들의 등은 항상 굽
게 하옵소서
하였느니라
11 그러므로 내가 말하노니 그
들이 넘어지기까지 실족하
였느냐 그럴 수 없느니라
그들이 넘어짐으로 구원이
이방인에게 이르러 이스라
엘로 시기나게 함이니라
12 그들의 넘어짐이 세상의 풍
성함이 되며 그들의 실패가
이방인의 풍성함이 되거든
하물며 그들의 충만함이리요

### 이방인의 구원

13 내가 이방인인 너희에게 말
하노라 내가 이방인의 사도
인 만큼 내 직분을 영광스럽
게 여기노니
14 이는 혹 내 골육을 아무쪼
록 시기하게 하여 그들 중에
서 얼마를 구원하려 함이라
15 그들을 버리는 것이 세상의
화목이 되거든 그 받아들이
는 것이 죽은 자 가운데서
살아나는 것이 아니면 무엇
이리요
16 제사하는 처음 익은 곡식
가루가 거룩한즉 떡덩이도
그러하고 뿌리가 거룩한즉
가지도 그러하니라
17 또한 가지 얼마가 꺾이었는
데 돌감람나무인 네가 그들

**단어설명**

**실족하다(11:11)** 발을 잘못 디딤. 행동을 잘못함. 사람을 죄에 빠지게 하고 멸망으로 이끄는 원인.
**그럴 수 없느니라(11:11)** 헬라어에서 어떠한 말을 가장 강하게 반박하는 표현이다. '그런 일(말)은 절대로 있어서는(해서는) 안된다'는 의미이다.
**가지, 돌감람나무(11:17)** 꺾인 가지는 믿지않는 유대인들을 의미하고, 돌감람나무는 이방인을 의미한다.

중에 접붙임이 되어 참감람
나무 뿌리의 진액을 함께 받
는 자가 되었은즉
18 그 가지들을 향하여 자랑하
지 말라 자랑할지라도 네가
뿌리를 보전하는 것이 아니
요 뿌리가 너를 보전하는
것이니라
19 그러면 네 말이 가지들이
꺾인 것은 나로 접붙임을
받게 하려 함이라 하리니
20 옳도다 그들은 믿지 아니하
므로 꺾이고 너는 믿으므로
섰느니라 높은 마음을 품지
말고 도리어 두려워하라
21 하나님이 원 가지들도 아끼
지 아니하셨은즉 너도 아끼
지 아니하시리라
22 그러므로 하나님의 인자하
심과 준엄하심을 보라 넘어
지는 자들에게는 준엄하심
이 있으니 너희가 만일 하
나님의 인자하심에 머물러
있으면 그 인자가 너희에게
있으리라 그렇지 않으면 너
도 찍히는 바 되리라
23 그들도 믿지 아니하는 데
머무르지 아니하면 접붙임
을 받으리니 이는 그들을
접붙이실 능력이 하나님께
있음이라
24 네가 원 돌감람나무에서 찍
힘을 받고 본성을 거슬러
좋은 감람나무에 접붙임을

**단어설명**

**뿌리의 진액(11:17)** 생물의 몸 안에서 생기는 액체. 이스라엘과 맺은 하나님의 언약에 따르는 구원과 축복을 비유한다.
**인자하심, 준엄하심(11:22)** 인자는 마음이 어질고 자애롭다는 뜻이고, 준엄은 조금도 타협함이 없이 매우 엄격하다는 뜻이다. 하나님의 선하심과 사랑, 공의와 진노를 말한다.

받았으니 원 가지인 이 사
람들이야 얼마나 더 자기
감람나무에 접붙이심을 받
으랴

### 이스라엘의 구원

25 형제들아 너희가 스스로 지
혜 있다 하면서 이 신비를
너희가 모르기를 내가 원하
지 아니하노니 이 신비는
이방인의 충만한 수가 들어
오기까지 이스라엘의 더러
는 우둔하게 된 것이라
26 그리하여 온 이스라엘이 구
원을 받으리라 기록된 바
구원자가 시온에서 오사
야곱에게서 경건하지 않은
것을 돌이키시겠고
27 내가 그들의 죄를 없이 할
때에 그들에게 이루어질
내 언약이 이것이라
함과 같으니라
28 복음으로 하면 그들이 너희
로 말미암아 원수된 자요
택하심으로 하면 조상들로
말미암아 사랑을 입은 자라
29 하나님의 은사와 부르심에
는 후회하심이 없느니라
30 너희가 전에는 하나님께 순
종하지 아니하더니 이스라
엘이 순종하지 아니함으로
이제 긍휼을 입었는지라
31 이와 같이 이 사람들이 순종
하지 아니하니 이는 너희에
게 베푸시는 긍휼로 이제

**단어설명**

**신비(11:25)** 이해 불가능한 신기한 것이라는 의미가 아니라, 전에는 감춰졌다가 이제는 밝히 드러나 누구나 자유롭게 알 수 있고 전달할 수 있게 된 사실을 말한다.

**이방인의 충만한 수(11:25)** 특정한 수치를 의미하기보다는, 하나님이 구원하기로 작정하신 이방인들의 수라는 개념이 더 적절하다.

그들도 긍휼을 얻게 하려
하심이라
32 하나님이 모든 사람을 순종
하지 아니하는 가운데 가두
어 두심은 모든 사람에게
긍휼을 베풀려 하심이로다
33 깊도다 하나님의 지혜와 지
식의 풍성함이여, 그의 판단
은 헤아리지 못할 것이며 그
의 길은 찾지 못할 것이로다
34 누가 주의 마음을 알았느냐
누가 그의 모사가 되었느냐
35 누가 주께 먼저 드려서 갚으
심을 받겠느냐
36 이는 만물이 주에게서 나오
고 주로 말미암고 주에게로
돌아감이라 그에게 영광이
세세에 있을지어다 아멘

바울은 그리스도인들의 실생활이 어떠해야 하는지를 이야기합니다. 우리 안에 거하시는 성령님에 의해 마음이 변화되고 행동이 변화되어, 영혼과 인격과 삶을 포함한 예배, 곧 '삶의 제사'를 드리며 살아가라고 말합니다.

### 하나님의 뜻을 분별하는 새 생활

1 그러므로 형제들아 내가 하
나님의 모든 자비하심으로
너희를 권하노니 너희 몸을
하나님이 기뻐하시는 거룩한
산 제물로 드리라 이는 너희
가 드릴 영적 예배니라
2 너희는 이 세대를 본받지
말고 오직 마음을 새롭게
함으로 변화를 받아 하나님
의 선하시고 기뻐하시고 온
전하신 뜻이 무엇인지 분별

**단어설명**

**모사(11:34)** 남을 도와 꾀를 내어, 어떤 일이 잘 이루어지게 하는 사람. 조언자.
**세세(11:36)** 여러 해를 끊이지 않고 계속. 영원히.
**산 제물(12:1)** 성도의 삶 전체가 하나님께 드리는 제물이 되라는 뜻으로, 전인격적인 사랑과 헌신, 언제나 하나님과 동행하는 삶을 말한다.

하도록 하라
3 내게 주신 은혜로 말미암아
너희 각 사람에게 말하노니
마땅히 생각할 그 이상의
생각을 품지 말고 오직 하나
님께서 각 사람에게 나누어
주신 믿음의 분량대로 지혜
롭게 생각하라
4 우리가 한 몸에 많은 지체를
가졌으나 모든 지체가 같은
기능을 가진 것이 아니니
5 이와 같이 우리 많은 사람이
그리스도 안에서 한 몸이 되
어 서로 지체가 되었느니라
6 우리에게 주신 은혜대로 받
은 은사가 각각 다르니 혹
예언이면 믿음의 분수대로,
7 혹 섬기는 일이면 섬기는 일
로, 혹 가르치는 자면 가르치
는 일로,
8 혹 위로하는 자면 위로하는
일로, 구제하는 자는 성실함
으로, 다스리는 자는 부지런
함으로, 긍휼을 베푸는 자는
즐거움으로 할 것이니라
9 사랑에는 거짓이 없나니 악
을 미워하고 선에 속하라
10 형제를 사랑하여 서로 우애
하고 존경하기를 서로 먼저
하며
11 부지런하여 게으르지 말고
열심을 품고 주를 섬기라
12 소망 중에 즐거워하며 환난
중에 참으며 기도에 항상 힘

**단어설명**

**지체(12:5)** 사람의 몸에 있는 각 기관들. 바울은 교회를 사람의 몸에 비유하여 연합과 다양성을 설명한다.
**예언(12:6)** 미래에 대한 것을 말하는 것과 하나님이 계시하신 말씀을 선포하는 것 둘 다를 의미할 수 있다.
**위로하는 자(12:8)** 복음의 가르침대로 살도록 권면하는 자.
**구제(12:8)** 자연적인 재해나 사회적인 피해를 당하여 어려운 처지에 있는 사람을 도와주는 것.

쓰며
13 성도들의 쓸 것을 공급하며
손 대접하기를 힘쓰라

### 그리스도인의 생활

14 너희를 박해하는 자를 축복
하라 축복하고 저주하지 말라
15 즐거워하는 자들과 함께 즐
거워하고 우는 자들과 함께
울라
16 서로 마음을 같이하며 높은
데 마음을 두지 말고 도리어
낮은 데 처하며 스스로 지혜
있는 체하지 말라
17 아무에게도 악을 악으로 갚
지 말고 모든 사람 앞에서
선한 일을 도모하라
18 할 수 있거든 너희로서는 모
든 사람과 더불어 화목하라
19 내 사랑하는 자들아 너희가
친히 원수를 갚지 말고 하나
님의 진노하심에 맡기라 기
록되었으되 원수 갚는 것이
내게 있으니 내가 갚으리라
고 주께서 말씀하시니라
20 네 원수가 주리거든 먹이고
목마르거든 마시게 하라 그
리함으로 네가 숯불을 그 머
리에 쌓아 놓으리라
21 악에게 지지 말고 선으로 악
을 이기라

**13**

계속해서 바울은 하나님이 세우신 통치자들에게 하나님의 뜻 안에서 순종하며 살도록 권면하고, 율법의 완성인 사랑을 실천하며 살라고 권면합니다. 다시 오실 주님의 때가 멀지 않음을 기억하며 깨어있을 것을 강조합니다.

**단어설명**

**손 대접하기(12:13)** 당시 초대교회는 선교여행을 하는 복음 전도자들에게 식사와 잠자리를 내어주었다.
**도모(12:17)** 어떤 일을 이루려고 수단과 방법을 꾀하는 것.
**숯불을 그 머리에 쌓아(12:20)** 피해자가 그의 원수를 사랑함으로써, 그로 하여금 수치와 마음의 고통을 느껴 회개하도록 하는 것을 뜻한다.

## 그리스도인과 세상 권세

1 각 사람은 위에 있는 권세들
에게 복종하라 권세는 하나
님으로부터 나지 않음이 없
나니 모든 권세는 다 하나
님께서 정하신 바라
2 그러므로 권세를 거스르는
자는 하나님의 명을 거스름
이니 거스르는 자들은 심판
을 자취하리라
3 다스리는 자들은 선한 일에
대하여 두려움이 되지 않고
악한 일에 대하여 되나니
네가 권세를 두려워하지 아
니 하려느냐 선을 행하라 그
리하면 그에게 칭찬을 받으
리라
4 그는 하나님의 사역자가 되
어 네게 선을 베푸는 자니라
그러나 네가 악을 행하거든
두려워하라 그가 공연히 칼
을 가지지 아니하였으니 곧
하나님의 사역자가 되어 악
을 행하는 자에게 진노하심
을 따라 보응하는 자니라
5 그러므로 복종하지 아니할
수 없으니 진노 때문에 할
것이 아니라 양심을 따라 할
것이라
6 너희가 조세를 바치는 것도
이로 말미암음이라 그들이
하나님의 일꾼이 되어 바로
이 일에 항상 힘쓰느니라
7 모든 자에게 줄 것을 주되 조

**단어설명**

**위에 있는 권세(13:1)** 천사나 마귀 같은 영적인 것이 아니라 이 땅의 정부, 공권력, 부모, 고용주 등 성도들의 삶에서 실제로 만나게 되는 통치자들을 말한다.
**공연히(13:4)** 아무 타당한 이유나 실속이 없게.
**칼(13:4)** 당시의 통치자들은 칼을 차고 있었는데, 칼은 권세를 상징한다.

세를 받을 자에게 조세를
바치고 관세를 받을 자에게
관세를 바치고 두려워할 자
를 두려워하며 존경할 자를
존경하라

### 사랑은 율법의 완성

8 피차 사랑의 빚 외에는 아
무에게든지 아무 빚도 지지
말라 남을 사랑하는 자는
율법을 다 이루었느니라
9 간음하지 말라, 살인하지 말
라, 도둑질하지 말라, 탐내지
말라 한 것과 그 외에 다른
계명이 있을지라도 네 이웃
을 네 자신과 같이 사랑하라
하신 그 말씀 가운데 다 들
었느니라
10 사랑은 이웃에게 악을 행하
지 아니하나니 그러므로 사
랑은 율법의 완성이니라

### 구원의 때가 가까워졌다

11 또한 너희가 이 시기를 알거
니와 자다가 깰 때가 벌써 되
었으니 이는 이제 우리의 구
원이 처음 믿을 때보다 가까
웠음이라
12 밤이 깊고 낮이 가까웠으니
그러므로 우리가 어둠의 일
을 벗고 빛의 갑옷을 입자
13 낮에와 같이 단정히 행하고
방탕하거나 술 취하지 말며
음란하거나 호색하지 말며
다투거나 시기하지 말고
14 오직 주 예수 그리스도로 옷

**단어설명**

**사랑의 빚(13:8)** 우리에게는 모든 사람에 대한 사랑의 의무가 있음을 강조한 표현이다.
**사랑은 율법의 완성(13:10)** 그리스도인은 우리 안에 거하시는 성령님의 인도하심으로 이웃을 사랑함으로써 율법의 원리인 사랑을 행할 수 있게 되었다.
**이 시기(13:11)** 예수님이 다시 오시기 이전의 시기를 의미한다.

입고 정욕을 위하여 육신의
일을 도모하지 말라

## 14

음식이나 절기와 관련해 초대교회에 있었던 실제적인 문제에 대한 해결책이 제시됩니다. 바울은 오직 주님만이 모든 사람을 평가하실 수 있음을 강조하며 믿음이 강한 자가 양보와 관용으로 믿음이 약한 자를 도우며 서로 인정하고 덕을 세우도록 권합니다.

### 형제를 비판하지 말라

1 믿음이 연약한 자를 너희가
받되 그의 의견을 비판하지
말라
2 어떤 사람은 모든 것을 먹을
만한 믿음이 있고 믿음이 연
약한 자는 채소만 먹느니라
3 먹는 자는 먹지 않는 자를 업
신여기지 말고 먹지 않는 자
는 먹는 자를 비판하지 말라
이는 하나님이 그를 받으셨
음이라
4 남의 하인을 비판하는 너는
누구냐 그가 서 있는 것이나
넘어지는 것이 자기 주인에
게 있으매 그가 세움을 받으
리니 이는 그를 세우시는 권
능이 주께 있음이라
5 어떤 사람은 이날을 저날보
다 낫게 여기고 어떤 사람은
모든 날을 같게 여기나니
각각 자기 마음으로 확정할
지니라
6 날을 중히 여기는 자도 주를
위하여 중히 여기고 먹는 자
도 주를 위하여 먹으니 이는
하나님께 감사함이요 먹지
않는 자도 주를 위하여 먹

**단어설명**

**믿음이 연약한 자(14:1)** 이전에 구약을 따라 지키던 의식들(음식법, 안식일, 성전 제사 등)을 버리지 못하는 사람들. 그들은 우상에게 바쳤던 고기를 사먹게 될까 염려해 채소만 먹으려 하기도 했다.

**이날, 저날(14:5)** 유대인 개종자 중에는 안식일, 금식일, 유대교의 절기를 이전과 동일하게 지켜야 한다고 생각하는 사람이 있었다.

지 아니하며 하나님께 감사
하느니라
7 우리 중에 누구든지 자기를
위하여 사는 자가 없고 자기
를 위하여 죽는 자도 없도다
8 우리가 살아도 주를 위하여
살고 죽어도 주를 위하여
죽나니 그러므로 사나 죽으
나 우리가 주의 것이로다
9 이를 위하여 그리스도께서
죽었다가 다시 살아나셨으
니 곧 죽은 자와 산 자의 주
가 되려 하심이라
10 네가 어찌하여 네 형제를 비
판하느냐 어찌하여 네 형제를
업신여기느냐 우리가 다 하
나님의 심판대 앞에 서리라
11 기록되었으되
주께서 이르시되 내가 살았
노니 모든 무릎이 내게 꿇
을 것이요 모든 혀가 하나
님께 자백하리라
하였느니라
12 이러므로 우리 각 사람이 자
기 일을 하나님께 직고하리라

### 형제로 거리끼게 하지 말라

13 그런즉 우리가 다시는 서로
비판하지 말고 도리어 부딪칠
것이나 거칠 것을 형제 앞에
두지 아니하도록 주의하라
14 내가 주 예수 안에서 알고 확
신하노니 무엇이든지 스스
로 속된 것이 없으되 다만 속
되게 여기는 그 사람에게는

**단어설명**

**주를 위하여(14:8)** 믿음이 약한 자이든 강한 자이든 양심의 문제에 대해 결정하는 동기는 하나님을 기쁘시게 하고 영광을 돌리는 것이어야 한다.
**부딪칠 것(14:13)** 신앙적으로 넘어뜨리는 것을 의미한다.
**거칠 것(14:13)** 죄를 짓게 하는 것을 의미한다.

속되니라
15 만일 음식으로 말미암아 네
형제가 근심하게 되면 이는
네가 사랑으로 행하지 아니
함이라 그리스도께서 대신
하여 죽으신 형제를 네 음식
으로 망하게 하지 말라
16 그러므로 너희의 선한 것이
비방을 받지 않게 하라
17 하나님의 나라는 먹는 것과
마시는 것이 아니요 오직 성
령 안에 있는 의와 평강과
희락이라
18 이로써 그리스도를 섬기는
자는 하나님을 기쁘시게 하
며 사람에게도 칭찬을 받느
니라
19 그러므로 우리가 화평의 일
과 서로 덕을 세우는 일을
힘쓰나니
20 음식으로 말미암아 하나님
의 사업을 무너지게 하지
말라 만물이 다 깨끗하되
거리낌으로 먹는 사람에게
는 악한 것이라
21 고기도 먹지 아니하고 포도주
도 마시지 아니하고 무엇이
든지 네 형제로 거리끼게 하
는 일을 아니함이 아름다우
니라
22 네게 있는 믿음을 하나님 앞
에서 스스로 가지고 있으라
자기가 옳다 하는 바로 자기
를 정죄하지 아니하는 자는

단어설명

**근심하게(14:15)** 사전적으로 해결되지 않은 일 때문에 속을 태우거나 우울해 한다는 의미. 약한 믿음을 가진 사람은 자신이 죄라고 생각하는 일을 하는 형제자매를 볼 때 마음이 상할 것이다.
**먹는 것과 마시는 것(14:17)** 비본질적이고 외면적인 종교적인 규칙을 아우른다.
**하나님의 사업(14:20)** 우리를 택하시고, 구원하시고, 교회를 세워나가시는 삼위일체 하나님의 사역.

복이 있도다

23 의심하고 먹는 자는 정죄되
었나니 이는 믿음을 따라 하
지 아니하였기 때문이라 믿
음을 따라 하지 아니하는 것
은 다 죄니라

예수님께서 우리를 용납하신 것처럼 그리스도인도 서로를 받아들이고 화합하며 사랑할 것을 계속해서 강조합니다. 한편 14절부터는 로마 교회에 대한 애정어린 권면과 부탁이 이어지며, 로마 방문 계획이 나타나있습니다.

## 선을 이루고 덕을 세우라

1 믿음이 강한 우리는 마땅히
믿음이 약한 자의 약점을
담당하고 자기를 기쁘게 하
지 아니할 것이라

2 우리 각 사람이 이웃을 기쁘
게 하되 선을 이루고 덕을 세
우도록 할지니라

3 그리스도께서도 자기를 기
쁘게 하지 아니하셨나니 기
록된 바 주를 비방하는 자
들의 비방이 내게 미쳤나이
다 함과 같으니라

4 무엇이든지 전에 기록된 바
는 우리의 교훈을 위하여 기
록된 것이니 우리로 하여금
인내로 또는 성경의 위로로
소망을 가지게 함이니라

5 이제 인내와 위로의 하나님
이 너희로 그리스도 예수를
본받아 서로 뜻이 같게 하여
주사

6 한마음과 한 입으로 하나님
곧 우리 주 예수 그리스도의

**단어설명**

**약점을 담당하고(15:1)** 약점을 마땅히 돌보아주어야 함을 뜻한다.
**비방(15:3)** 거짓말로 고발하는 것, 남을 헐뜯고 비웃으며 모욕하는 것.
**전에 기록된 바(15:4)** 구약 성경을 말한다.
**한마음과 한 입(15:6)** 생각과 행동이 모두 연합된 상태. 연합의 목적은 하나님께 영광을 돌리는 것이다.

아버지께 영광을 돌리게 하
려 하노라
7 그러므로 그리스도께서 우
리를 받아 하나님께 영광을
돌리심과 같이 너희도 서로
받으라
8 내가 말하노니 그리스도께
서 하나님의 진실하심을
위하여 할례의 추종자가 되
셨으니 이는 조상들에게 주
신 약속들을 견고하게 하시
고
9 이방인들도 그 긍휼하심으
로 말미암아 하나님께 영
광을 돌리게 하려 하심이라
기록된 바
그러므로 내가 열방 중에
서 주께 감사하고 주의 이
름을 찬송하리로다
함과 같으니라
10 또 이르되
열방들아 주의 백성과 함
께 즐거워하라
하였으며
11 또
모든 열방들아 주를 찬양
하며 모든 백성들아 그를
찬송하라
하였으며
12 또 이사야가 이르되
이새의 뿌리 곧 열방을 다
스리기 위하여 일어나시는
이가 있으리니 열방이 그
에게 소망을 두리라

**단어설명**

**서로 받으라(15:7)** 서로 따뜻이 용납하라.
**할례의 추종자(15:8)** 예수님은 유대인으로 태어나셨고, 태어난 지 팔 일 만에 모세의 율법대로 할례를 받으셨다.
**열방(15:9-12)** 여러 나라를 아우르는 말로, 여기에서는 이방인들, 모든 나라를 말한다.

하였느니라
13 소망의 하나님이 모든 기쁨
과 평강을 믿음 안에서 너희
에게 충만하게 하사 성령의
능력으로 소망이 넘치게 하
시기를 원하노라

### 하나님의 복음의 제사장 직분

14 내 형제들아 너희가 스스로
선함이 가득하고 모든 지식
이 차서 능히 서로 권하는 자
임을 나도 확신하노라
15 그러나 내가 너희로 다시
생각나게 하려고 하나님께
서 내게 주신 은혜로 말미
암아 더욱 담대히 대략 너
희에게 썼노니
16 이 은혜는 곧 나로 이방인을
위하여 그리스도 예수의 일
꾼이 되어 하나님의 복음의
제사장 직분을 하게 하사 이
방인을 제물로 드리는 것이
성령 안에서 거룩하게 되어
받으실 만하게 하려 하심이
라
17 그러므로 내가 그리스도 예
수 안에서 하나님의 일에
대하여 자랑하는 것이 있거
니와
18 그리스도께서 이방인들을
순종하게 하기 위하여 나를
통하여 역사하신 것 외에는
내가 감히 말하지 아니하노
라 그 일은 말과 행위로
19 표적과 기사의 능력으로 성

단어설명

**선함(15:14)** 정직한 행동, 악을 미워하고 의를 사랑함, 높은 도덕성을 말한다.
**모든 지식이 차서(15:14)** 복음과 말씀에 대해 깊이 알고 있음. 건강하고 바른 교리가 잘 세워졌음을 말한다.
**일루리곤(15:19)** 발칸 반도 북서쪽 지역에 위치한 로마 제국의 한 지방이다.

령의 능력으로 이루어졌으
며 그리하여 내가 예루살렘
으로부터 두루 행하여 일루
리곤까지 그리스도의 복음
을 편만하게 전하였노라
20 또 내가 그리스도의 이름을
부르는 곳에는 복음을 전하
지 않기를 힘썼노니 이는
남의 터 위에 건축하지 아니
하려 함이라
21 기록된 바

주의 소식을 받지 못한 자
들이 볼 것이요 듣지 못한
자들이 깨달으리라

함과 같으니라

### 바울의 로마 방문 계획

22 그러므로 또한 내가 너희에
게 가려 하던 것이 여러 번
막혔더니
23 이제는 이 지방에 일할 곳이
없고 또 여러 해 전부터 언
제든지 서바나로 갈 때에
너희에게 가기를 바라고 있
었으니
24 이는 지나가는 길에 너희를
보고 먼저 너희와 사귐으로
얼마간 기쁨을 가진 후에
너희가 그리로 보내 주기를
바람이라
25 그러나 이제는 내가 성도를
섬기는 일로 예루살렘에 가
노니
26 이는 마게도냐와 아가야 사
람들이 예루살렘 성도 중 가

단어설명

**편만**(15:19) 널리 가득 참. 꽉 참.
**일할 곳이 없고**(15:23) 그 지역에 복음이 충분히 전파되었다는 의미이다.
**서바나**(15:23) 구약에서는 다시스라는 지명으로 불렸다. 유럽의 서쪽 끝으로, 상업과 문화의 중심지였으며, 로마의 도로망을 이용해 갈 수 있었다. 오늘날의 스페인 지역이다.

난한 자들을 위하여 기쁘게
얼마를 연보하였음이라
27 저희가 기뻐서 하였거니와
또한 저희는 그들에게 빚진
자니 만일 이방인들이 그들
의 영적인 것을 나눠 가졌으
면 육적인 것으로 그들을
섬기는 것이 마땅하니라
28 그러므로 내가 이 일을 마치
고 이 열매를 그들에게 확증
한 후에 너희에게 들렀다가
서바나로 가리라
29 내가 너희에게 나아갈 때에
그리스도의 충만한 복을 가
지고 갈 줄을 아노라
30 형제들아 내가 우리 주 예수
그리스도와 성령의 사랑으
로 말미암아 너희를 권하노
니 너희 기도에 나와 힘을
같이하여 나를 위하여 하나
님께 빌어
31 나로 유대에서 순종하지 아
니하는 자들로부터 건짐을
받게 하고 또 예루살렘에 대
하여 내가 섬기는 일을 성도
들이 받을 만하게 하고
32 나로 하나님의 뜻을 따라 기
쁨으로 너희에게 나아가 너
희와 함께 편히 쉬게 하라
33 평강의 하나님께서 너희 모
든 사람과 함께 계실지어다
아멘

단어설명

**아가야(15:26)** 현재의 그리스 남부 지역이다. 바울은 제2차 전도여행에서 이 지역에 고린도 교회를 세웠다.
**연보(15:26)** 자신의 재물을 내어 다른 사람을 도와줌.
**열매(15:28)** 예루살렘 교회를 위한 헌금을 말한다.

## 16

바울은 개인·부부 등 많은 사람들에게 문안인사를 건넵니다. 유대인, 헬라인, 로마인 등 그들의 인종이 다양한 것을 볼 때, 로마 교회의 성격을 알 수 있습니다. 또한 로마 교회 성도들에게 부정적인 영향을 주고 있던 거짓 교사들을 멀리하라고 경고하며, 모든 영광을 하나님께 돌리며 편지를 끝맺습니다.

### 인사

1 내가 겐그레아 교회의 일꾼
으로 있는 우리 자매 뵈뵈
를 너희에게 추천하노니
2 너희는 주 안에서 성도들의
합당한 예절로 그를 영접하
고 무엇이든지 그에게 소용
되는 바를 도와줄지니 이는
그가 여러 사람과 나의 보호
자가 되었음이라
3 너희는 그리스도 예수 안에
서 나의 동역자들인 브리스
가와 아굴라에게 문안하라
4 그들은 내 목숨을 위하여 자
기들의 목까지도 내놓았나
니 나뿐 아니라 이방인의
모든 교회도 그들에게 감사
하느니라
5 또 저의 집에 있는 교회에도
문안하라 내가 사랑하는 에
배네도에게 문안하라 그는
아시아에서 그리스도께 처
음 맺은 열매니라
6 너희를 위하여 많이 수고한
마리아에게 문안하라
7 내 친척이요 나와 함께 갇혔
던 안드로니고와 유니아에
게 문안하라 그들은 사도들
에게 존중히 여겨지고 또한
나보다 먼저 그리스도 안에

**단어설명**

**뵈뵈(16:1)** '밝고 빛나다' 라는 뜻의 이름. 로마서를 로마 교회에 전달했다.
**브리스가(16:3)** 브리스길라를 말한다. 아굴라의 부인으로, 바울은 두 사람을 2차 전도여행 때 고린도에서 처음 만났고, 두 사람은 바울의 사역과 교회를 위해 헌신했다.
**에배네도(16:5)** 소아시아에서 바울을 통해 처음으로 예수님을 영접한 사람이다.

있는 자라
8 또 주 안에서 내 사랑하는 암
블리아에게 문안하라
9 그리스도 안에서 우리의 동역
자인 우르바노와 나의 사랑
하는 스다구에게 문안하라
10 그리스도 안에서 인정함을 받
은 아벨레에게 문안하라 아
리스도불로의 권속에게 문
안하라
11 내 친척 헤로디온에게 문안
하라 나깃수의 가족 중 주
안에 있는 자들에게 문안하
라
12 주 안에서 수고한 드루배
나와 드루보사에게 문안하
라 주 안에서 많이 수고하
고 사랑하는 버시에게 문안
하라
13 주 안에서 택하심을 입은
루포와 그의 어머니에게 문
안하라 그의 어머니는 곧 내
어머니니라
14 아순그리도와 블레곤과 허
메와 바드로바와 허마와 및
그들과 함께 있는 형제들에
게 문안하라
15 빌롤로고와 율리아와 또 네
레오와 그의 자매와 올름바
와 그들과 함께 있는 모든 성
도에게 문안하라
16 너희가 거룩하게 입맞춤으로
서로 문안하라 그리스도의
모든 교회가 다 너희에게 문

**단어설명**

**아리스도불로의 권속(16:10)** 아리스도불로의 가족 또는 친척, 종들을 뜻한다.
**루포(16:13)** 잠시 예수님의 십자가를 대신 지고 갔던 구레네 시몬의 아들로 본다(참고 막 15:21).
**거룩하게 입맞춤(16:16)** 고대와 유대교 안에 있던 일반적인 인사법 중 하나다. 이마, 볼, 수염 등에 입을 맞추었다. 성도 간의 따뜻한 사랑·연합·일치를 상징한다.

안하느니라

17 형제들아 내가 너희를 권하
노니 너희가 배운 교훈을 거
슬러 분쟁을 일으키거나 거
치게 하는 자들을 살피고 그
들에게서 떠나라

18 이같은 자들은 우리 주 그
리스도를 섬기지 아니하고
다만 자기들의 배만 섬기나
니 교활한 말과 아첨하는 말
로 순진한 자들의 마음을 미
혹하느니라

19 너희의 순종함이 모든 사람
에게 들리는지라 그러므로
내가 너희로 말미암아 기뻐
하노니 너희가 선한 데 지혜
롭고 악한 데 미련하기를 원
하노라

20 평강의 하나님께서 속히 사
탄을 너희 발 아래에서 상
하게 하시리라 우리 주 예수
의 은혜가 너희에게 있을지
어다

### 문안과 찬양

21 나의 동역자 디모데와 나의
친척 누기오와 야손과 소시바
더가 너희에게 문안하느니라

22 이 편지를 기록하는 나 더디
오도 주 안에서 너희에게 문
안하노라

23 나와 온 교회를 돌보아 주는
가이오도 너희에게 문안하고
이 성의 재무관 에라스도와
형제 구아도도 너희에게 문

**단어설명**

**배만 섬기나니(16:18)** 탐욕과 자기중심적인 이기주의를 의미한다.
**아첨(16:18)** 남의 환심을 사거나 잘 보이려고 알랑거리는 말이나 행동.
**미련(16:19)** 여기서 '미련'은 순결을 의미한다.
**더디오(16:22)** 더디오는 바울이 로마서를 불러준 대로 받아 적었던 사람이다.

안하느니라
24 (없음)
25 나의 복음과 예수 그리스도
를 전파함은 영세 전부터 감
추어졌다가
26 이제는 나타내신 바 되었으
며 영원하신 하나님의 명을
따라 선지자들의 글로 말미
암아 모든 민족이 믿어 순종
하게 하시려고 알게 하신 바
그 신비의 계시를 따라 된 것
이니 이 복음으로 너희를 능
히 견고하게 하실
27 지혜로우신 하나님께 예수
그리스도로 말미암아 영광
이 세세무궁하도록 있을지
어다 아멘

단어설명

**재무관(16:23)** 고린도의 공무원 직위로, 정치적인 영향력이 있는 중요한 자리였다.
**없음(16:24)** 어떤 사본에, '우리 주 예수 그리스도의 은혜가 너희 모든 이에게 있을지어다 아멘' 이 있음.
**신비(16:26)** 이해 불가능한 신기한 것이라는 의미가 아니라, 전에는 감춰졌다가 이제는 밝히 드러나 누구나 자유롭게 알 수 있고 전달할 수 있게 된 사실을 말한다.

## 옥중서신 따라쓰기를 시작하시는 분들께

옥중서신은 바울이 로마의 감옥에 갇혀 있던 A.D. 60-62년경에 쓴 네 편의 서신으로, 에베소서, 빌립보서, 골로새서, 빌레몬서를 말합니다. 로마의 셋집에 연금되어 있던 바울은 군인의 감시를 받고 있었지만 손님을 맞이할 수 있었고, 그들에게 복음을 전할 수도 있었습니다. 그들을 통해 각지의 교회 소식을 들은 바울은 뜨거운 마음과 성령님의 감동으로 편지를 적어 보냈습니다. 에베소서와 골로새서, 빌레몬서는 두기고와 오네시모를 통하여 전해졌고, 빌립보서는 에바브로디도를 통해 빌립보 교회에 전해졌습니다.

**에베소서**는 에베소 교회와 그 주변 지역의 교회들을 대상으로 쓴 서신입니다. 에베소 교회는 브리스길라와 아굴라 부부를 통해 시작되었고, 바울이 3차 전도여행 기간 중 2년이 넘게 머물며 굳건하게 세워졌습니다. 최초의 '교회론'이 담겨 있는 에베소서에서 바울은 교회가 머리되신 그리스도의 몸이요, 신랑되신 그리스도의 신부라고 말합니다. 사랑 안에서 교회의 하나됨을 강조하며, 거듭난 새사람으로서 그리스도 안에서 거룩하고 풍성한 삶을 누리도록 권면합니다.

**빌립보서**는 빌립보 교회에 보낸 바울의 편지로, 빌립보 교회는 바울이 2차 전도여행을 하며 마케도니아에 최초로 세운 교회입니다. 루디아의 헌신으로 가정교회에서 시작된 빌립보 교회는 점차 자리를 잡아 바울의 사역을 적극적으로 후원해주었습니다. 바울은 감옥에 갇힌 상황이었지만 고난 중에도 그리스도 안에서 기뻐할 것을 강조하며 빌립보의 성도들을 격려하고, 그들의 섬김과 헌신에 감사를 전합니다.

**골로새서**는 골로새 교회와 라오디게아 교회를 대상으로 쓴 서신입니다. 골로새 교회는 바울이 에베소에서 사역하며 만났던 골로새 사람 에바브라가 고향으로 돌아가 세운 교회입니다. 바울이 로마 감옥에 있을 당시, 에바브라도 그곳에 함께 있었는데, 그들은 골로새 교회에 이단의 가르침이 들어와 있다는 안타까운 소식을 듣게 되었습니다. 바울은 골로새 성도들이 더 이상 거짓된 가르침에 빠지지 않도록 '예수 그리스도'가 누구이신지 분명히 전하며, 그리스도 안에서 성숙해질 수 있도록 실질적인 권면의 말을 담아 편지를 보냈습니다.

빌레몬서는 골로새 교회의 성도였던 빌레몬에게 쓴 바울의 개인적인 편지입니다. 빌레몬에게는 오네시모라는 종이 있었는데, 어느날 그 종이 주인의 돈을 훔쳐 로마로 도망을 쳤습니다. 오네시모는 로마에서 바울을 만나 예수님을 믿어 변화되었고, 감옥에 갇힌 바울을 잘 섬기고 있었습니다. 빌레몬서는 오네시모를 다시 빌레몬에게 돌려보내며, 그를 용서해줄 것과 그의 변화를 인정하고 노예로서만이 아닌 '사랑받는 형제'로 받아들여 줄 것을 호소하는 아름다운 편지입니다.

옥중서신을 따라 쓰며 그리스도의 사랑 안에서 지체들을 권면하는 사도 바울의 마음을 느껴보십시오. 오늘날 우리에게 동일하게 권면하며 말씀하시는 성령 하나님의 임재를 경험할 수 있을 것입니다.

---

**1** 기도로 시작하세요.

한 글자 한 글자를 쓰는 동안, 살아있는 하나님의 말씀이 내 안에 들어올 수 있도록 기도합니다.

**2** 말씀의 의미를 마음에 새기면서 쓰세요.

단순히 한 번 쓰는 것이 목적이 아닙니다. 말씀의 의미를 이해하면서 써나갈 수 있도록 주의를 기울이세요.

**3** 다 쓰고 나면 꼭 말씀을 묵상하세요.

묵상이란 말씀을 깊이 생각하면서 내 것으로 만드는 시간입니다. 쓰기를 마친 후에는 말씀이 내게 주시는 깨달음에 대해 묵상하는 시간을 꼭 가지세요.

**4** 적당한 분량을 정해놓고 매일 꾸준히 쓰세요.

한꺼번에 많은 양을 쓰려고 하지 마세요. 적당한 분량을 매일 꾸준히 쓰는 것이 중요합니다.

바울은 창세 전부터 시작된 삼위일체 하나님의 구원 사역을 과거, 현재, 미래에 걸쳐 설명하고, 성도에게 주시는 모든 영적인 축복에 대하여 하나님을 찬양합니다. 더불어, 새신자를 포함한 에베소 교인들이 영적으로 날마다 더욱 성숙해져간다는 소식을 듣고 하나님께 감사하며, 그들을 축복하고 있습니다.

### 인사

1 하나님의 뜻으로 말미암아
그리스도 예수의 사도 된 바
울은 에베소에 있는 성도들
과 그리스도 예수 안에 있는
신실한 자들에게 편지하노니
2 하나님 우리 아버지와 주 예
수 그리스도로부터 은혜와
평강이 너희에게 있을지어다

### 하늘에 속한 신령한 복

3 찬송하리로다 하나님 곧 우
리 주 예수 그리스도의 아버
지께서 그리스도 안에서 하
늘에 속한 모든 신령한 복을
우리에게 주시되
4 곧 창세 전에 그리스도 안에
서 우리를 택하사 우리로 사
랑 안에서 그 앞에 거룩하고
흠이 없게 하시려고
5 그 기쁘신 뜻대로 우리를 예
정하사 예수 그리스도로 말
미암아 자기의 아들들이 되
게 하셨으니
6 이는 그가 사랑하시는 자 안
에서 우리에게 거저 주시는
바 그의 은혜의 영광을 찬송
하게 하려는 것이라
7 우리는 그리스도 안에서 그
의 은혜의 풍성함을 따라 그
의 피로 말미암아 속량 곧

**단어설명**

**모든 신령한 복(1:3)** 영적인 은사나 물질·환경적인 복이 아니라 하나님이 예수님을 통해 이루신 구원 사역을 통하여 성도들이 얻는 모든 축복을 말한다.

**속량(1:7)** '몸값을 받고 놓아주다'라는 뜻으로, 예수님이 인간의 죗값을 대신 치르심으로, 그들을 구원하신 것을 의미한다.

죄 사함을 받았느니라
8 이는 그가 모든 지혜와 총명
을 우리에게 넘치게 하사
9 그 뜻의 비밀을 우리에게 알
리신 것이요 그의 기뻐하심
을 따라 그리스도 안에서 때
가 찬 경륜을 위하여 예정하
신 것이니
10 하늘에 있는 것이나 땅에 있
는 것이 다 그리스도 안에서
통일되게 하려 하심이라
11 모든 일을 그의 뜻의 결정
대로 일하시는 이의 계획을
따라 우리가 예정을 입어 그
안에서 기업이 되었으니
12 이는 우리가 그리스도 안에
서 전부터 바라던 그의 영광
의 찬송이 되게 하려 하심
이라
13 그 안에서 너희도 진리의 말
씀 곧 너희의 구원의 복음을
듣고 그 안에서 또한 믿어 약
속의 성령으로 인치심을 받
았으니
14 이는 우리 기업의 보증이 되
사 그 얻으신 것을 속량하시
고 그의 영광을 찬송하게
하려 하심이라

### 바울의 기도

15 이로 말미암아 주 예수 안에
서 너희 믿음과 모든 성도를
향한 사랑을 나도 듣고
16 내가 기도할 때에 기억하며
너희로 말미암아 감사하기

**단어설명**

**경륜(1:9)** 일정한 포부를 가지고 일을 조직적으로 계획하는 것, 또는 그 계획이나 포부.
**통일(1:10)** 하나님은 죄로 망가진 세상의 모든 것을 그리스도의 발 아래 두시고 회복시킬 것이다.
**인치심(1:13)** 인을 치는 것은 편지나 계약서와 같은 문서에 도장을 찍는 것을 말한다. 도장을 찍음으로 그 문서는 도장 주인의 권위 아래에 있거나, 또는 그의 소유가 되었다.

를 그치지 아니하고
17 우리 주 예수 그리스도의
하나님, 영광의 아버지께서
지혜와 계시의 영을 너희에
게 주사 하나님을 알게 하
시고
18 너희 마음의 눈을 밝히사
그의 부르심의 소망이 무엇
이며 성도 안에서 그 기업의
영광의 풍성함이 무엇이며
19 그의 힘의 위력으로 역사하
심을 따라 믿는 우리에게 베
푸신 능력의 지극히 크심이
어떠한 것을 너희로 알게 하
시기를 구하노라
20 그의 능력이 그리스도 안에
서 역사하사 죽은 자들 가운
데서 다시 살리시고 하늘에
서 자기의 오른편에 앉히사
21 모든 통치와 권세와 능력과
주권과 이 세상뿐 아니라 오
는 세상에 일컫는 모든 이름
위에 뛰어나게 하시고
22 또 만물을 그의 발아래에 복
종하게 하시고 그를 만물 위
에 교회의 머리로 삼으셨느
니라
23 교회는 그의 몸이니 만물 안
에서 만물을 충만하게 하시
는 이의 충만함이니라

예수님을 믿기 전, 우리는 죄로 인해 죽을 수밖에 없었습니다. 바울은 하나님과 단절된 상태로 살아가던 우리에게 하나님께서 예수님을 통해 새 생명을 주신 것과 예수님을 믿음으로 구원받은 이방인과 이스라엘이 함께 언약의 축복을 누리게 되었음을 강조합니다.

**단어설명**

**지혜와 계시의 영(1:17)** 하나님의 말씀에 대한 통찰력을 주시는 성령님.
**마음의 눈(1:18)** 영적으로 무언가를 이해하는 능력과 관련 지어 이해할 수 있다.
**오른편(1:20)** 하나님과 나란히 앉는 동등한 위치를 나타냄으로써 지극히 높은 영예와 권위를 상징한다.
**머리(1:22)** 모든 만물을 다스리는 권세를 의미한다.

**허물과 죄로 죽었던 너희를 살리셨다**

1 그는 허물과 죄로 죽었던 너
희를 살리셨도다
2 그때에 너희는 그 가운데서
행하여 이 세상 풍조를 따
르고 공중의 권세 잡은 자
를 따랐으니 곧 지금 불순종
의 아들들 가운데서 역사하
는 영이라
3 전에는 우리도 다 그 가운데
서 우리 육체의 욕심을 따라
지내며 육체와 마음의 원하
는 것을 하여 다른 이들과 같
이 본질상 진노의 자녀이었
더니
4 긍휼이 풍성하신 하나님이
우리를 사랑하신 그 큰 사랑
을 인하여
5 허물로 죽은 우리를 그리스
도와 함께 살리셨고 (너희
는 은혜로 구원을 받은 것
이라)
6 또 함께 일으키사 그리스도
예수 안에서 함께 하늘에
앉히시니
7 이는 그리스도 예수 안에서
우리에게 자비하심으로써
그 은혜의 지극히 풍성함을
오는 여러 세대에 나타내려
하심이라
8 너희는 그 은혜에 의하여
믿음으로 말미암아 구원을
받았으니 이것은 너희에게
서 난 것이 아니요 하나님

**단어설명**

**허물과 죄로 죽었던(2:1)** 하나님의 계명을 어기고, 하나님을 거역하며 하나님과 단절된 관계였던 것을 의미한다.

**공중의 권세 잡은 자(2:2)** 바울 당시의 유대인들은 '공중'을 악한 영들이 활동하는 영역으로 이해하였다. 이 표현은 사탄을 말한다.

의 선물이라
9 행위에서 난 것이 아니니
이는 누구든지 자랑하지 못
하게 함이라
10 우리는 그가 만드신 바라
그리스도 예수 안에서 선한
일을 위하여 지으심을 받은
자니 이 일은 하나님이 전
에 예비하사 우리로 그 가
운데서 행하게 하려 하심이
니라

### 십자가로 화목하게 하시다

11 그러므로 생각하라 너희는
그때에 육체로는 이방인이
요 손으로 육체에 행한 할
례를 받은 무리라 칭하는
자들로부터 할례를 받지 않
은 무리라 칭함을 받는 자
들이라
12 그때에 너희는 그리스도 밖
에 있었고 이스라엘 나라 밖
의 사람이라 약속의 언약들
에 대하여는 외인이요 세상
에서 소망이 없고 하나님도
없는 자이더니
13 이제는 전에 멀리 있던 너
희가 그리스도 예수 안에서
그리스도의 피로 가까워졌
느니라
14 그는 우리의 화평이신지라
둘로 하나를 만드사 원수 된
것 곧 중간에 막힌 담을 자
기 육체로 허시고
15 법조문으로 된 계명의 율법

**단어설명**

**할례를 받은 무리(2:11)** 유대인들.
**약속의 언약들(2:12)** 아브라함의 언약, 모세의 언약, 다윗의 언약, 새 언약을 의미한다.
**중간에 막힌 담(2:14)** 성전 안에는 유대인과 이방인의 공간을 나누는 담이 있었는데, 이것을 말한 것으로 볼 수도 있고, 모든 사람을 하나되게 부르셨다는 의미로 볼 수도 있다.

을 폐하셨으니 이는 이 둘
로 자기 안에서 한 새사람
을 지어 화평하게 하시고
16 또 십자가로 이 둘을 한 몸
으로 하나님과 화목하게 하
려 하심이라 원수 된 것을
십자가로 소멸하시고
17 또 오셔서 먼 데 있는 너희
에게 평안을 전하시고 가까
운 데 있는 자들에게 평안을
전하셨으니
18 이는 그로 말미암아 우리
둘이 한 성령 안에서 아버지
께 나아감을 얻게 하려 하심
이라
19 그러므로 이제부터 너희는
외인도 아니요 나그네도 아
니요 오직 성도들과 동일한
시민이요 하나님의 권속이라
20 너희는 사도들과 선지자들의
터 위에 세우심을 입은 자라
그리스도 예수께서 친히 모
퉁잇돌이 되셨느니라
21 그의 안에서 건물마다 서로
연결하여 주 안에서 성전이
되어 가고
22 너희도 성령 안에서 하나님
이 거하실 처소가 되기 위하
여 그리스도 예수 안에서 함
께 지어져 가느니라

바울은 하나님께서 자신을 이방인들에게 복음을 전하는 일꾼으로 부르셨음을 고백합니다. 또한 에베소 교회 성도들을 축복하며 믿음으로 더욱 성숙하며, 예수님의 사랑과 하나님의 능력을 깊이 알고 누릴 수 있기를 축복합니다.

**단어설명**

**한 몸(2:16)** 그리스도의 몸을 의미한다고도 볼 수 있으나, 앞에 언급된 '새사람' 즉 교회를 말한다고 보는 것이 자연스럽다.
**권속(2:19)** 가족, 식구. 그리스도를 믿어 하나님의 자녀가 된 사람들을 말한다.
**모퉁잇돌(2:20)** 건물 전체를 떠받치는 주춧돌이다. 다른 돌들이 이 모퉁잇돌을 중심으로 연결된다.

### 하나님의 구원의 경륜의 비밀

1 이러므로 그리스도 예수의
일로 너희 이방인을 위하여
갇힌 자 된 나 바울이 말하
거니와
2 너희를 위하여 내게 주신
하나님의 그 은혜의 경륜을
너희가 들었을 터이라
3 곧 계시로 내게 비밀을 알
게 하신 것은 내가 먼저 간단
히 기록함과 같으니
4 그것을 읽으면 내가 그리스
도의 비밀을 깨달은 것을 너
희가 알 수 있으리라
5 이제 그의 거룩한 사도들과
선지자들에게 성령으로 나
타내신 것같이 다른 세대에
서는 사람의 아들들에게 알
리지 아니하셨으니
6 이는 이방인들이 복음으로
말미암아 그리스도 예수 안
에서 함께 상속자가 되고
함께 지체가 되고 함께 약속
에 참여하는 자가 됨이라
7 이 복음을 위하여 그의 능
력이 역사하시는 대로 내게
주신 하나님의 은혜의 선물
을 따라 내가 일꾼이 되었
노라
8 모든 성도 중에 지극히 작
은 자보다 더 작은 나에게
이 은혜를 주신 것은 측량
할 수 없는 그리스도의 풍
성함을 이방인에게 전하게

**단어설명**

**계시(3:3)** 다메섹으로 가는 길에서 예수님을 만났던 사건을 가리킨다.
**비밀(3:3)** 예수님께서 진정한 그리스도라는 것을 말한다.
**지극히 작은 자보다 더 작은 나(3:8)** 바울은 한때 자신이 예수님을 믿는 사람들을 핍박한 것을 기억하며 매우 겸손한 태도로 자신을 묘사한다.

하시고

9 영원부터 만물을 창조하신
하나님 속에 감추어졌던 비
밀의 경륜이 어떠한 것을
드러내게 하려 하심이라

10 이는 이제 교회로 말미암
아 하늘에 있는 통치자들
과 권세들에게 하나님의 각
종 지혜를 알게 하려 하심
이니

11 곧 영원부터 우리 주 그리
스도 예수 안에서 예정하신
뜻대로 하신 것이라

12 우리가 그 안에서 그를 믿음
으로 말미암아 담대함과 확
신을 가지고 하나님께 나아
감을 얻느니라

13 그러므로 너희에게 구하노
니 너희를 위한 나의 여러
환난에 대하여 낙심하지 말
라 이는 너희의 영광이니라

### 그리스도의 사랑을 알게 하시기를

14 이러므로 내가 하늘과 땅에
있는 각 족속에게

15 이름을 주신 아버지 앞에
무릎을 꿇고 비노니

16 그의 영광의 풍성함을 따라
그의 성령으로 말미암아 너
희 속사람을 능력으로 강건
하게 하시오며

17 믿음으로 말미암아 그리스
도께서 너희 마음에 계시게
하시옵고 너희가 사랑 가운
데서 뿌리가 박히고 터가

**단어설명**

**하나님의 각종 지혜(3:10)** 하나님의 지혜의 심오함과 깊이를 강조하는 표현이다.
**담대함과 확신을 가지고(3:12)** 우정으로 맺어진 친구와 솔직한 대화를 나눌 만큼의 편안한 분위기를 암시하는 표현이다.
**속사람(3:16)** 한 사람의 영혼과 인격의 주체가 되는 내적 자아.

굳어져서

18 능히 모든 성도와 함께 지식
에 넘치는 그리스도의 사랑
을 알고

19 그 너비와 길이와 높이와
깊이가 어떠함을 깨달아 하
나님의 모든 충만하신 것으
로 너희에게 충만하게 하시
기를 구하노라

20 우리 가운데서 역사하시는
능력대로 우리가 구하거나
생각하는 모든 것에 더 넘
치도록 능히 하실 이에게

21 교회 안에서와 그리스도 예
수 안에서 영광이 대대로
영원무궁하기를 원하노라
아멘

바울은 구원의 공동체인 교회에서 서로 어떻게 생활하여야 하는지를 알려줍니다. 겸손함과 온유함으로 행하고, 공동체의 하나됨을 힘써 지킬 것을 당부합니다. 또한 하나님께서 주신 재능으로 부르신 자리에서 섬기며 살라고 말합니다. 이방인의 습관(옛 사람)을 좇지 말도록 권합니다.

### 성령이 하나되게 하신 것

1 그러므로 주 안에서 갇힌 내
가 너희를 권하노니 너희가
부르심을 받은 일에 합당하
게 행하여

2 모든 겸손과 온유로 하고 오
래 참음으로 사랑 가운데서
서로 용납하고

3 평안의 매는 줄로 성령이
하나 되게 하신 것을 힘써
지키라

4 몸이 하나요 성령도 한 분이
시니 이와 같이 너희가 부르

**단어설명**

**너비와 길이와 높이와 깊이(3:19)** 사랑의 네가지 측면이라기보다는 그 사랑이 얼마나 크고 완전한지를 강조하는 표현이다.
**영원무궁(3:21)** 영원하여 끝이 없음.
**몸(4:4)** 유대인과 이방인들이 구별없이 하나로 연합된 교회.

심의 한 소망 안에서 부르
심을 받았느니라
5 주도 한 분이시요 믿음도
하나요 세례도 하나요
6 하나님도 한 분이시니 곧
만유의 아버지시라 만유 위
에 계시고 만유를 통일하시
고 만유 가운데 계시도다
7 우리 각 사람에게 그리스도
의 선물의 분량대로 은혜를
주셨나니
8 그러므로
이르기를 그가 위로 올라
가실 때에 사로잡혔던
자들을 사로잡으시고 사
람들에게 선물을 주셨다
하였도다
9 올라가셨다 하였은즉 땅 아
래 낮은 곳으로 내리셨던
것이 아니면 무엇이냐
10 내리셨던 그가 곧 모든 하
늘 위에 오르신 자니 이는
만물을 충만하게 하려 하심
이라
11 그가 어떤 사람은 사도로, 어
떤 사람은 선지자로, 어떤 사
람은 복음 전하는 자로, 어떤
사람은 목사와 교사로 삼으
셨으니
12 이는 성도를 온전하게 하여
봉사의 일을 하게 하며 그리
스도의 몸을 세우려 하심이
라
13 우리가 다 하나님의 아들을

**단어설명**

**사로잡혔던 자(4:8)** 십자가의 죽음과 부활로써 그리스도께서 패배시킨 영적인 권세들을 말한다.
**땅 아래 낮은 곳(4:9)** 예수님의 성육신과 죽음을 의미하는 표현이다.
**사도(4:11)** 보냄을 받은 자라는 뜻. 예수님께서 복음을 전파하라고 파송한 자들을 말한다. 보통 예수님의 열두 제자를 말하나, 후에 바울은 '이방인의 사도'로 불린다.

믿는 것과 아는 일에 하나가
되어 온전한 사람을 이루어
그리스도의 장성한 분량이
충만한 데까지 이르리니
14 이는 우리가 이제부터 어린
아이가 되지 아니하여 사람
의 속임수와 간사한 유혹에
빠져 온갖 교훈의 풍조에 밀
려 요동하지 않게 하려 함
이라
15 오직 사랑 안에서 참된 것을
하여 범사에 그에게까지 자
랄지라 그는 머리니 곧 그리
스도라
16 그에게서 온몸이 각 마디를
통하여 도움을 받음으로 연
결되고 결합되어 각 지체의
분량대로 역사하여 그 몸을
자라게 하며 사랑 안에서 스
스로 세우느니라

### 옛 사람과 새사람

17 그러므로 내가 이것을 말하
며 주 안에서 증언하노니 이
제부터 너희는 이방인이 그
마음의 허망한 것으로 행함
같이 행하지 말라
18 그들의 총명이 어두워지고
그들 가운데 있는 무지함과
그들의 마음이 굳어짐으로
말미암아 하나님의 생명에
서 떠나 있도다
19 그들이 감각 없는 자가 되어
자신을 방탕에 방임하여 모
든 더러운 것을 욕심으로 행

**단어설명**

**장성한 분량이 충만한 데(4:13)** 바울은 모든 성도가 영적으로 성장하며, 삶 속에서 예수님과 같은 완전한 모습으로 성장하길 원한다. 예수님은 성도의 성숙의 기준이다.
**이방인(4:17)** 여기서의 이방인은 예수님을 영접하지 않는 사람들을 말한다.
**허망(4:17)** 거짓되고 망령됨. 어이없고 허무함.

하되
20 오직 너희는 그리스도를 그
같이 배우지 아니하였느니라
21 진리가 예수 안에 있는 것
같이 너희가 참으로 그에게
서 듣고 또한 그 안에서 가
르침을 받았을진대
22 너희는 유혹의 욕심을 따라
썩어져 가는 구습을 따르는
옛 사람을 벗어 버리고
23 오직 너희의 심령이 새롭게
되어
24 하나님을 따라 의와 진리의
거룩함으로 지으심을 받은
새사람을 입으라

### 하나님을 본받는 생활

25 그런즉 거짓을 버리고 각각
그 이웃과 더불어 참된 것을
말하라 이는 우리가 서로 지
체가 됨이라
26 분을 내어도 죄를 짓지 말며
해가 지도록 분을 품지 말고
27 마귀에게 틈을 주지 말라
28 도둑질하는 자는 다시 도둑
질하지 말고 돌이켜 가난한
자에게 구제할 수 있도록
자기 손으로 수고하여 선한
일을 하라
29 무릇 더러운 말은 너희 입 밖
에도 내지 말고 오직 덕을
세우는 데 소용되는 대로 선
한 말을 하여 듣는 자들에게
은혜를 끼치게 하라
30 하나님의 성령을 근심하게

**단어설명**

**구습(4:22)** 예전부터 내려오는 낡은 풍습. 여기서는 예수님을 믿기 전에 욕심을 따라 행하던 죄와 습관들을 말한다.
**분(4:26)** 화 자체는 죄가 아니지만, 그것으로 인해 교만·시기·원한 같은 악한 감정과 행동이 나올 수 있다.
**소용되다(4:29)** 일정한 용도로 쓰이다.

하지 말라 그 안에서 너희가
구원의 날까지 인치심을 받
았느니라
31 너희는 모든 악독과 노함과
분냄과 떠드는 것과 비방하
는 것을 모든 악의와 함께
버리고
32 서로 친절하게 하며 불쌍히
여기며 서로 용서하기를 하
나님이 그리스도 안에서 너
희를 용서하심과 같이 하라

새로운 삶을 살아가야 하는 성도들의 생활 원리가 더 구체적으로 등장합니다. 믿지 않는 자들의 행동과 어리석음을 본받지 말고 '빛의 자녀'로, 하나님을 닮아가도록 권면합니다. 한편, 22절부터는 남편과 아내의 올바른 관계를 제시하고 있습니다.

1 그러므로 사랑을 받는 자녀
같이 너희는 하나님을 본받
는 자가 되고
2 그리스도께서 너희를 사랑하
신 것같이 너희도 사랑 가운
데서 행하라 그는 우리를 위
하여 자신을 버리사 향기로
운 제물과 희생제물로 하나
님께 드리셨느니라
3 음행과 온갖 더러운 것과 탐
욕은 너희 중에서 그 이름조
차도 부르지 말라 이는 성도
에게 마땅한 바니라
4 누추함과 어리석은 말이나
희롱의 말이 마땅치 아니하
니 오히려 감사하는 말을
하라
5 너희도 정녕 이것을 알거니
와 음행하는 자나 더러운

단어설명

**악독(4:31)** 마음이 흉악하고 독함. 계속 적개심을 품고 있는 것.
**비방(4:31)** 악담. 거짓말로 고발하는 것, 남을 헐뜯고 비웃으며 모욕하는 것.
**누추함, 어리석은 말, 희롱의 말(5:4)** 지저분하고, 부도덕한 말, 외설적인 말 등 말로 짓는 죄를 모두 아우르고 있다.

자나 탐하는 자 곧 우상 숭배
자는 다 그리스도와 하나님
의 나라에서 기업을 얻지 못
하리니
6 누구든지 헛된 말로 너희를
속이지 못하게 하라 이로 말
미암아 하나님의 진노가 불
순종의 아들들에게 임하나
니
7 그러므로 그들과 함께하는
자가 되지 말라
8 너희가 전에는 어둠이더니
이제는 주 안에서 빛이라 빛
의 자녀들처럼 행하라
9 빛의 열매는 모든 착함과
의로움과 진실함에 있느니
라
10 주를 기쁘시게 할 것이 무엇
인가 시험하여 보라
11 너희는 열매 없는 어둠의 일
에 참여하지 말고 도리어 책
망하라
12 그들이 은밀히 행하는 것들
은 말하기도 부끄러운 것들
이라
13 그러나 책망을 받는 모든 것
은 빛으로 말미암아 드러나
나니 드러나는 것마다 빛이
니라
14 그러므로 이르시기를 잠자
는 자여 깨어서 죽은 자들
가운데서 일어나라 그리스
도께서 너에게 비추이시리
라 하셨느니라

단어설명

**탐하는 자 곧 우상 숭배자(5:5)** 탐심이 가득한 자들은 창조주 하나님보다 그의 피조물에 더 큰 관심을 가지며 중요하게 여기기 때문에 하나님보다 피조물을 더 위에 놓고 섬기는 결과가 된다.

**시험하여 보라(5:10)** 원어적으로 볼 때, '분별'이란 뜻에 더 가깝다. 은이나 금의 순도를 시험하여 순은인지 순금인지를 알아볼 때 사용하는 표현이다.

### 그리스도의 이름으로 감사하라

15 그런즉 너희가 어떻게 행할
지를 자세히 주의하여 지혜
없는 자같이 하지 말고 오직
지혜 있는 자같이 하여
16 세월을 아끼라 때가 악하니
라
17 그러므로 어리석은 자가 되
지 말고 오직 주의 뜻이 무
엇인가 이해하라
18 술 취하지 말라 이는 방탕
한 것이니 오직 성령으로 충
만함을 받으라
19 시와 찬송과 신령한 노래들
로 서로 화답하며 너희의
마음으로 주께 노래하며 찬
송하며
20 범사에 우리 주 예수 그리스
도의 이름으로 항상 아버지
하나님께 감사하며
21 그리스도를 경외함으로 피
차 복종하라

### 아내와 남편

22 아내들이여 자기 남편에게
복종하기를 주께 하듯 하
라
23 이는 남편이 아내의 머리됨
이 그리스도께서 교회의 머
리됨과 같음이니 그가 바로
몸의 구주시니라
24 그러므로 교회가 그리스도
에게 하듯 아내들도 범사에
자기 남편에게 복종할지니
라

**단어설명**

**세월을 아끼라(5:16)** 시간을 아낀다는 의미뿐만 아니라, 시간을 잘 이용하라는 뜻도 포함되어 있다.
**경외함(5:21)** 공경하면서 두려워함.
**피차 복종하라(5:21)** 인간관계에 대한 주님의 근본적인 뜻은 예수님 안에서 겸손하여 서로를 존중하고 섬기는 것이다.

25 남편들아 아내 사랑하기를
그리스도께서 교회를 사랑
하시고 그 교회를 위하여
자신을 주심같이 하라
26 이는 곧 물로 씻어 말씀으로
깨끗하게 하사 거룩하게 하
시고
27 자기 앞에 영광스러운 교회
로 세우사 티나 주름 잡힌
것이나 이런 것들이 없이
거룩하고 흠이 없게 하려 하
심이라
28 이와 같이 남편들도 자기 아
내 사랑하기를 자기 자신과
같이 할지니 자기 아내를 사
랑하는 자는 자기를 사랑하
는 것이라

29 누구든지 언제나 자기 육체
를 미워하지 않고 오직 양
육하여 보호하기를 그리스
도께서 교회에게 함과 같이
하나니
30 우리는 그 몸의 지체임이라
31 그러므로 사람이 부모를 떠
나 그의 아내와 합하여 그
둘이 한 육체가 될지니
32 이 비밀이 크도다 나는 그
리스도와 교회에 대하여 말
하노라
33 그러나 너희도 각각 자기의
아내 사랑하기를 자신같이
하고 아내도 자기 남편을
존경하라

**단어설명**

**머리됨(5:23)** 기독교 가정 안에서 남편이 갖는 권위와 리더십을 의미한다.
**복종(5:24)** 맹목적인 순종이 아니라, 하나님이 남편에게 주신 가장의 권위와 역할을 인정한다는 뜻이다.
**교회를…주심같이(5:25)** 예수님께서 교회를 위해 자신을 온전히 희생하셨던 것처럼, 큰 책임과 헌신적인 사랑으로 아내를 사랑하라고 남편을 권면한다.

바울은 남편과 아내의 관계에 이어 부모와 자녀, 주인과 종의 관계에서 어떻게 하는 것이 옳은지 이야기하고 있습니다. 또한 사단의 온갖 공격과 유혹에 넘어지지 말고 하나님의 전신 갑주를 입고 영적 전쟁에 임할 것을 당부하고 있습니다. 끝으로 에베소 교회로 두기고를 보낸 목적을 밝히며, 사랑을 담은 인사로 편지를 마칩니다.

### 자녀와 부모

1 자녀들아 주 안에서 너희 부
모에게 순종하라 이것이 옳
으니라
2 네 아버지와 어머니를 공경
하라 이것은 약속이 있는
첫 계명이니
3 이로써 네가 잘되고 땅에서
장수하리라
4 또 아비들아 너희 자녀를 노
엽게 하지 말고 오직 주의 교
훈과 훈계로 양육하라

### 종과 상전

5 종들아 두려워하고 떨며 성
실한 마음으로 육체의 상전
에게 순종하기를 그리스도
께 하듯 하라
6 눈가림만 하여 사람을 기쁘
게 하는 자처럼 하지 말고
그리스도의 종들처럼 마음
으로 하나님의 뜻을 행하고
7 기쁜 마음으로 섬기기를 주
께 하듯 하고 사람들에게 하
듯 하지 말라
8 이는 각 사람이 무슨 선을
행하든지 종이나 자유인이
나 주께로부터 그대로 받을
줄을 앎이라
9 상전들아 너희도 그들에게
이와 같이 하고 위협을 그

**단어설명**

**약속이 있는 첫 계명(6:2)** 하나님께서 십계명을 주실 때 부모를 공경하는 자(제 오계명)에게 장수의 축복을 주신다고 말씀하셨다.
**노엽게 하다(6:4)** 화가 날 만큼 분하고 섭섭하게 하다.
**눈가림(6:6)** 겉만 꾸며 남의 눈을 속이는 짓. 상전(주인, 사장)이 볼 때에만 성실하게 행동한다는 의미다.

치라 이는 그들과 너희의 상
전이 하늘에 계시고 그에게
는 사람을 외모로 취하는 일
이 없는 줄 너희가 앎이라

### 마귀를 대적하는 싸움

10 끝으로 너희가 주 안에서와
그 힘의 능력으로 강건하여
지고
11 마귀의 간계를 능히 대적하
기 위하여 하나님의 전신
갑주를 입으라
12 우리의 씨름은 혈과 육을
상대하는 것이 아니요 통치
자들과 권세들과 이 어둠의
세상 주관자들과 하늘에 있
는 악의 영들을 상대함이라
13 그러므로 하나님의 전신 갑
주를 취하라 이는 악한 날에
너희가 능히 대적하고 모든
일을 행한 후에 서기 위함
이라
14 그런즉 서서 진리로 너희
허리띠를 띠고 의의 호심경
을 붙이고
15 평안의 복음이 준비한 것으
로 신을 신고
16 모든 것 위에 믿음의 방패를
가지고 이로써 능히 악한 자
의 모든 불화살을 소멸하고
17 구원의 투구와 성령의 검 곧
하나님의 말씀을 가지라
18 모든 기도와 간구를 하되 항
상 성령 안에서 기도하고 이
를 위하여 깨어 구하기를 항

**단어설명**

**간계(6:11)** 간사한 꾀.
**전신갑주(6:11)** 군인들이 무장하는 갑옷과 모든 무기.
**호심경(6:14)** 갑옷의 가슴 쪽에 붙이던 호신용 금속 조각을 의미한다. '의의 호심경'은 성도들이 예수님을 믿음으로서 얻은 새로운 정체성을 바르게 인식하는 것을 말한다.

상 힘쓰며 여러 성도를 위하
여 구하라
19 또 나를 위하여 구할 것은
내게 말씀을 주사 나로 입을
열어 복음의 비밀을 담대히
알리게 하옵소서 할 것이니
20 이 일을 위하여 내가 쇠사
슬에 매인 사신이 된 것은
나로 이 일에 당연히 할 말을
담대히 하게 하려 하심이라

### 끝인사

21 나의 사정 곧 내가 무엇을
하는지 너희에게도 알리려
하노니 사랑을 받은 형제요
주 안에서 진실한 일꾼인
두기고가 모든 일을 너희에
게 알리리라
22 우리 사정을 알리고 또 너희
마음을 위로하기 위하여 내
가 특별히 그를 너희에게 보
내었노라
23 아버지 하나님과 주 예수
그리스도께로부터 평안과
믿음을 겸한 사랑이 형제들
에게 있을지어다
24 우리 주 예수 그리스도를
변함없이 사랑하는 모든 자
에게 은혜가 있을지어다

**단어설명**

**이 일(6:20)** 복음을 담대히 알리는 일. 바울은 감옥에 갇힌 자신의 안전이나 건강이 아니라 계속 복음을 담대히 전할 수 있도록 기도해달라고 부탁한다.

**두기고(6:21)** 바울의 동역자들 중 한 명으로, 아시아 지역의 사람이다. 에베소 지역에서부터 로마까지 바울을 도왔고, 에베소서를 에베소 교회에 전달하는 역할을 했을 것으로 본다.

바울은 빌립보 교인들의 친절을 생각할 때마다 감사하고, 그들을 위해 기쁨으로 기도하고 있음을 말합니다. 빌립보 교회를 품은 사랑의 마음을 전하고, 그들의 영적성장을 위해 간구하고 있음을 전합니다. 또한 자신이 감옥에 갇힌 것이 사람들의 생각과 달리 복음이 전파되는 일에 긍정적인 영향을 주었음을 밝히고 있습니다.

### 인사

1 그리스도 예수의 종 바울과
디모데는 그리스도 예수 안
에서 빌립보에 사는 모든 성
도와 또한 감독들과 집사들
에게 편지하노니
2 하나님 우리 아버지와 주 예
수 그리스도로부터 은혜와
평강이 너희에게 있을지어다

### 빌립보 성도들을 생각하며 간구하다

3 내가 너희를 생각할 때마다
나의 하나님께 감사하며
4 간구할 때마다 너희 무리를
위하여 기쁨으로 항상 간구
함은
5 너희가 첫날부터 이제까지
복음을 위한 일에 참여하고
있기 때문이라
6 너희 안에서 착한 일을 시작
하신 이가 그리스도 예수의
날까지 이루실 줄을 우리는
확신하노라
7 내가 너희 무리를 위하여 이
와 같이 생각하는 것이 마땅
하니 이는 너희가 내 마음에
있음이며 나의 매임과 복음
을 변명함과 확정함에 너희
가 다 나와 함께 은혜에 참여
한 자가 됨이라
8 내가 예수 그리스도의 심장

**단어설명**

**바울과 디모데(1:1)** 바울은 여섯 편의 서신에서 디모데를 발신자로 함께 기록한다. 편지를 쓸 당시 디모데가 조력자의 역할을 충실히 잘 감당하고 있음을 보여준다.
**감독들, 집사들(1:1)** 감독들은 '돌보는 자'라는 의미로 교회의 장로 또는 목사들을 말한다. 집사들은 '섬기는 자'라는 뜻으로 봉사를 위해 임명된 사람들이다.

으로 너희 무리를 얼마나 사
모하는지 하나님이 내 증인
이시니라
9 내가 기도하노라 너희 사랑
을 지식과 모든 총명으로 점
점 더 풍성하게 하사
10 너희로 지극히 선한 것을 분
별하며 또 진실하여 허물없
이 그리스도의 날까지 이르
고
11 예수 그리스도로 말미암아
의의 열매가 가득하여 하나
님의 영광과 찬송이 되기를
원하노라

### 바울의 매임과 복음 전파

12 형제들아 내가 당한 일이 도
리어 복음 전파에 진전이 된
줄을 너희가 알기를 원하노
라
13 이러므로 나의 매임이 그리
스도 안에서 모든 시위대 안
과 그 밖의 모든 사람에게 나
타났으니
14 형제 중 다수가 나의 매임으
로 말미암아 주 안에서 신뢰
함으로 겁 없이 하나님의 말
씀을 더욱 담대히 전하게 되
었느니라
15 어떤 이들은 투기와 분쟁으
로, 어떤 이들은 착한 뜻으로
그리스도를 전파하나니
16 이들은 내가 복음을 변증하
기 위하여 세우심을 받은 줄
알고 사랑으로 하나

**단어설명**

**지식, 총명(1:9)** 지식은 하나님을 아는 지식, 총명은 선악을 구별하는 참된 통찰력으로 풍성한 사랑을 할 수 있는 능력을 말한다.
**시위대(1:13)** 바울을 지키는 궁전 경비대를 말한다.
**투기와 분쟁(1:15)** 바울의 능력과 권한을 질투하고 비판하며 경쟁적으로 복음을 전파하는 사람도 있었다.

17 그들은 나의 매임에 괴로움
을 더하게 할 줄로 생각하여
순수하지 못하게 다툼으로
그리스도를 전파하느니라
18 그러면 무엇이냐 겉치레로
하나 참으로 하나 무슨 방
도로 하든지 전파되는 것은
그리스도니 이로써 나는 기
뻐하고 또한 기뻐하리라
19 이것이 너희의 간구와 예수
그리스도의 성령의 도우심으
로 나를 구원에 이르게 할 줄
아는 고로
20 나의 간절한 기대와 소망을
따라 아무 일에든지 부끄러
워하지 아니하고 지금도 전
과 같이 온전히 담대하여 살
든지 죽든지 내 몸에서 그리
스도가 존귀하게 되게 하려
하나니
21 이는 내게 사는 것이 그리스
도니 죽는 것도 유익함이라
22 그러나 만일 육신으로 사는
이것이 내 일의 열매일진대
무엇을 택해야 할는지 나는
알지 못하노라
23 내가 그 둘 사이에 끼였으니
차라리 세상을 떠나서 그리
스도와 함께 있는 것이 훨씬
더 좋은 일이라 그렇게 하고
싶으나
24 내가 육신으로 있는 것이 너
희를 위하여 더 유익하리라
25 내가 살 것과 너희 믿음의 진

**단어설명**

**변증(1:16)** 사리를 밝혀 옳고 그름을 따지며 증명하는 것.
**겉치레(1:18)** 겉만 보기 좋게 꾸미어 드러냄.
**열매(1:22)** 바울은 그가 풀려난다면, 남은 삶 동안 더욱 복음을 전파하고 사람들을 예수님께로 인도하는 것이 예수님께 드릴 열매라고 표현했다.

보와 기쁨을 위하여 너희 무
리와 함께 거할 이것을 확실
히 아노니
26 내가 다시 너희와 같이 있음
으로 그리스도 예수 안에서
너희 자랑이 나로 말미암아
풍성하게 하려 함이라
27 오직 너희는 그리스도의 복
음에 합당하게 생활하라 이
는 내가 너희에게 가 보나
떠나 있으나 너희가 한마음
으로 서서 한뜻으로 복음의
신앙을 위하여 협력하는 것
과
28 무슨 일에든지 대적하는 자
들 때문에 두려워하지 아니
하는 이 일을 듣고자 함이라
이것이 그들에게는 멸망의
증거요 너희에게는 구원의
증거니 이는 하나님께로부터
난 것이라
29 그리스도를 위하여 너희에
게 은혜를 주신 것은 다만 그
를 믿을 뿐 아니라 또한 그
를 위하여 고난도 받게 하려
하심이라
30 너희에게도 그와 같은 싸움
이 있으니 너희가 내 안에서
본 바요 이제도 내 안에서 듣
는 바니라

예수님의 겸손과 마음을 본받아 하나님의 흠이 없는 자녀로 살 것을 권면합니다. 한편, 19절부터는 동역자 디모데를 빌립보 교회에 보내기로 결정한 것과 빌립보에서 바울을 돕기 위해 보내주었던 에바브로디도 역시 빌립보로 돌려보내고자 함을 밝힙니다.

**단어설명**

**믿음의 진보(1:25)** 사랑과 지식(9절), 의의 열매(11절), 순종으로 장성하는 것을 말한다.
**합당하다(1:27)** 어떤 기준, 조건, 용도, 도리에 꼭 알맞다.
**한마음, 한뜻(1:27)** 빌립보 교회는 안으로는 다툼이, 밖으로는 핍박이 있었기에 바울은 성도들이 복음을 위해 하나 되어 협력할 것을 요청한다.

## 그리스도의 겸손

1 그러므로 그리스도 안에 무
슨 권면이나 사랑의 무슨
위로나 성령의 무슨 교제나
긍휼이나 자비가 있거든
2 마음을 같이하여 같은 사랑
을 가지고 뜻을 합하며 한마
음을 품어
3 아무 일에든지 다툼이나 허
영으로 하지 말고 오직 겸손
한 마음으로 각각 자기보다
남을 낫게 여기고
4 각각 자기 일을 돌볼 뿐더러
또한 각각 다른 사람들의
일을 돌보아 나의 기쁨을
충만하게 하라
5 너희 안에 이 마음을 품으라
곧 그리스도 예수의 마음이
니
6 그는 근본 하나님의 본체
시나 하나님과 동등됨을 취
할 것으로 여기지 아니하시
고
7 오히려 자기를 비워 종의 형
체를 가지사 사람들과 같이
되셨고
8 사람의 모양으로 나타나사
자기를 낮추시고 죽기까지
복종하셨으니 곧 십자가에
죽으심이라
9 이러므로 하나님이 그를 지
극히 높여 모든 이름 위에
뛰어난 이름을 주사
10 하늘에 있는 자들과 땅에

**단어설명**

**허영(2:3)** 자신의 분수에 넘치게 실속이 없이 겉모습만 화려하게 하는 것. 필요 이상의 겉치레.
**하나님과…아니하시고(2:6)** 하나님이신 예수님은 잠시 동안 모든 영광과 지위를 기꺼이 포기하셨다.
**십자가(2:8)** 십자가 형벌은 심각한 범죄를 저지른 사람이나 반역자와 같은 극악한 죄수에게 내리는 잔인한 형벌이었다.

있는 자들과 땅 아래에 있는
자들로 모든 무릎을 예수의
이름에 꿇게 하시고
11 모든 입으로 예수 그리스도
를 주라 시인하여 하나님 아
버지께 영광을 돌리게 하셨
느니라

**하나님의 흠 없는 자녀로 살라**

12 그러므로 나의 사랑하는 자
들아 너희가 나 있을 때뿐
아니라 더욱 지금 나 없을
때에도 항상 복종하여 두렵
고 떨림으로 너희 구원을
이루라
13 너희 안에서 행하시는 이는
하나님이시니 자기의 기쁘신
뜻을 위하여 너희에게 소원
을 두고 행하게 하시나니
14 모든 일을 원망과 시비가 없
이 하라
15 이는 너희가 흠이 없고 순
전하여 어그러지고 거스르
는 세대 가운데서 하나님
의 흠없는 자녀로 세상에서
그들 가운데 빛들로 나타내
며
16 생명의 말씀을 밝혀 나의 달
음질이 헛되지 아니하고 수
고도 헛되지 아니함으로 그
리스도의 날에 내가 자랑할
것이 있게 하려 함이라
17 만일 너희 믿음의 제물과
섬김 위에 내가 나를 전제
로 드릴지라도 나는 기뻐하

**단어설명**

**구원을 이루라(2:12)** 우리의 순종과 선한 행동이 구원의 조건이 된다는 뜻이 아니라, 예수님을 닮아가는 성화의 과정을 강조하며 권면하는 말이다.

**전제(2:17)** 제사를 마무리하는 절차. 제물이 하늘로 올라간다는 상징으로, 태운 동물의 앞이나 위에 포도주를 부어 증발하는 수증기가 하늘로 올라가게 했다.

고 너희 무리와 함께 기뻐
하리니
18 이와 같이 너희도 기뻐하고
나와 함께 기뻐하라

### 디모데와 에바브로디도

19 내가 디모데를 속히 너희에
게 보내기를 주 안에서 바람
은 너희의 사정을 앎으로 안
위를 받으려 함이니
20 이는 뜻을 같이하여 너희 사
정을 진실히 생각할 자가 이
밖에 내게 없음이라
21 그들이 다 자기 일을 구하고
그리스도 예수의 일을 구하
지 아니하되
22 디모데의 연단을 너희가 아
나니 자식이 아버지에게 함
같이 나와 함께 복음을 위하
여 수고하였느니라
23 그러므로 내가 내 일이 어떻
게 될지를 보아서 곧 이 사람
을 보내기를 바라고
24 나도 속히 가게 될 것을 주
안에서 확신하노라
25 그러나 에바브로디도를 너
희에게 보내는 것이 필요한
줄로 생각하노니 그는 나의
형제요 함께 수고하고 함께
군사 된 자요 너희 사자로 내
가 쓸 것을 돕는 자라
26 그가 너희 무리를 간절히 사
모하고 자기가 병든 것을 너
희가 들은 줄을 알고 심히 근
심한지라

**단어설명**

**디모데(2:19)** 바울이 아들처럼 여길 만큼 친밀하였던 바울의 동역자이자 제자. 바울과 함께 많은 지역으로 전도여행을 다녔고, 바울 대신 교회들을 방문하고 격려하는 역할을 감당하기도 했다.
**에바브로디도(2:25)** '사랑스러운'이란 뜻의 이름으로, 빌립보 출신의 그리스인. 빌립보 성도들의 선물을 바울에게 전달하고, 바울의 필요를 돕기 위해 빌립보에서 로마로 파송되었다.

27 그가 병들어 죽게 되었으나
하나님이 그를 긍휼히 여기
셨고 그뿐 아니라 또 나를 긍
휼히 여기사 내 근심 위에 근
심을 면하게 하셨느니라
28 그러므로 내가 더욱 급히 그
를 보낸 것은 너희로 그를 다
시 보고 기뻐하게 하며 내 근
심도 덜려 함이니라
29 이러므로 너희가 주 안에서
모든 기쁨으로 그를 영접하
고 또 이와 같은 자들을 존귀
히 여기라
30 그가 그리스도의 일을 위하
여 죽기에 이르러도 자기 목
숨을 돌보지 아니한 것은 나
를 섬기는 너희의 일에 부족
함을 채우려 함이니라

바울은 종교적인 형식과 법을 넘어, 예수 그리스도를 아는 것이 가장 고상한 것이라고 확신하며 말합니다. 또한 그리스도를 본받아 우리를 부르신 목적(푯대)을 향해 하나님이 주실 상을 바라보며 믿음의 경주를 계속하며 달려갈 것을 권면합니다.

### 하나님께로부터 난 의

1 끝으로 나의 형제들아 주 안
에서 기뻐하라 너희에게 같
은 말을 쓰는 것이 내게는 수
고로움이 없고 너희에게는
안전하니라
2 개들을 삼가고 행악하는 자
들을 삼가고 몸을 상해하는
일을 삼가라
3 하나님의 성령으로 봉사하며
그리스도 예수로 자랑하고
육체를 신뢰하지 아니하는

**단어설명**

**개들(3:2)** 당시 개들은 야생동물과 다름없이 배회하며 쓰레기를 뒤지고 다니는 불쾌한 동물이었고, 유대인들은 이방인들을 종종 개라고 부르며 멸시했다. 바울은 그 표현을 율법주의적이고 탐욕스러운 유대인들에게 적용했다.
**행악(3:2)** 모질고 나쁜 짓을 행함. 그런 행동들.

우리가 곧 할례파라
4 그러나 나도 육체를 신뢰할
만하며 만일 누구든지 다른
이가 육체를 신뢰할 것이 있
는 줄로 생각하면 나는 더욱
그러하리니
5 나는 팔 일 만에 할례를 받고
이스라엘 족속이요 베냐민
지파요 히브리인 중의 히브
리인이요 율법으로는 바리
새인이요
6 열심으로는 교회를 박해하
고 율법의 의로는 흠이 없는
자라
7 그러나 무엇이든지 내게 유
익하던 것을 내가 그리스도
를 위하여 다 해로 여길뿐
더러
8 또한 모든 것을 해로 여김은
내 주 그리스도 예수를 아는
지식이 가장 고상하기 때문
이라 내가 그를 위하여 모든
것을 잃어버리고 배설물로
여김은 그리스도를 얻고
9 그 안에서 발견되려 함이니
내가 가진 의는 율법에서 난
것이 아니요 오직 그리스도
를 믿음으로 말미암은 것이
니 곧 믿음으로 하나님께로
부터 난 의라
10 내가 그리스도와 그 부활의
권능과 그 고난에 참여함을
알고자 하여 그의 죽으심을
본받아

**단어설명**

**할례파(3:3)** 참된 하나님의 백성은 몸에 할례라는 상징을 갖고 있는 자가 아니라 성령으로 예배하며 예수님 안에서만 자랑하는 자들, 마음에 할례를 받은 자들이다.
**히브리인 중의 히브리인(3:5)** 자신의 혈통에 이방인의 피가 섞이지 않았음을 말한다.
**배설물(3:8)** 원어적으로 쓰레기, 찌꺼기, 아무 가치 없는 것.

11 어떻게 해서든지 죽은 자 가
운데서 부활에 이르려 하노
니
12 내가 이미 얻었다 함도 아니
요 온전히 이루었다 함도 아
니라 오직 내가 그리스도
예수께 잡힌 바 된 그것을
잡으려고 달려가노라
13 형제들아 나는 아직 내가
잡은 줄로 여기지 아니하고
오직 한 일 즉 뒤에 있는 것
은 잊어버리고 앞에 있는
것을 잡으려고
14 푯대를 향하여 그리스도 예
수 안에서 하나님이 위에서
부르신 부름의 상을 위하여
달려가노라
15 그러므로 누구든지 우리 온
전히 이룬 자들은 이렇게
생각할지니 만일 어떤 일에
너희가 달리 생각하면 하나
님이 이것도 너희에게 나타
내시리라
16 오직 우리가 어디까지 이르
렀든지 그대로 행할 것이라

**우리의 시민권은 하늘에**

17 형제들아 너희는 함께 나를
본받으라 그리고 너희가 우
리를 본받은 것처럼 그와
같이 행하는 자들을 눈여겨
보라
18 내가 여러 번 너희에게 말
하였거니와 이제도 눈물을
흘리며 말하노니 여러 사람

**단어설명**

**푯대(3:14)** 목표로 삼아 세우는 대. 경주의 결승전이나 활쏘기의 과녁을 의미할 수도 있다.
**부름의 상(3:14)** 고대 올림픽에서는 각 경기의 승자에게 월계관을 씌워주었다. 바울은 그리스도를 닮아가는 우리의 인생 경주를 마칠 때 받을 상(예수님을 닮음, 예수님과 나누는 영원한 교제)을 소망하며 계속 달려가고 있음을 설명한다.

들이 그리스도의 십자가의
원수로 행하느니라
19 그들의 마침은 멸망이요 그
들의 신은 배요 그 영광은
그들의 부끄러움에 있고 땅
의 일을 생각하는 자라
20 그러나 우리의 시민권은 하
늘에 있는지라 거기로부터
구원하는 자 곧 주 예수 그
리스도를 기다리노니
21 그는 만물을 자기에게 복종
하게 하실 수 있는 자의 역
사로 우리의 낮은 몸을 자
기 영광의 몸의 형체와 같
이 변하게 하시리라

동역자 개개인에 대한 애정과 관심을 담은 인사말이 이어집니다. 어수선하고 무거운 분위기에 있던 빌립보 성도들에게 상황과 환경에 굴하지 않고 어떠한 상황에서도 주 안에서 기뻐할 것을 당부하고 있습니다. 끝으로 빌립보 교회 전체에 대한 감사와 축복으로 편지를 마무리합니다.

1 그러므로 나의 사랑하고 사
모하는 형제들, 나의 기쁨이
요 면류관인 사랑하는 자들
아 이와 같이 주 안에 서라

권면

2 내가 유오디아를 권하고 순
두게를 권하노니 주 안에서
같은 마음을 품으라
3 또 참으로 나와 멍에를 같이
한 네게 구하노니 복음에 나
와 함께 힘쓰던 저 여인들을
돕고 또한 글레멘드와 그
외에 나의 동역자들을 도우

**단어설명**

**시민권(3:20)** 빌립보는 로마의 식민지였지만 빌립보 시민들에게는 로마 시민권이 주어졌고, 그들은 그 명예와 특권을 누리고 있는 것을 자랑으로 여겼다. 바울은 그들의 생각을 빗대어 우리의 참된 소속이 하나님의 나라임을 설명한다.

**면류관(4:1)** 하늘에서 받게 될 영광과 상급의 상징. 경기의 승자에게 주는 월계관에 빗대어 표현되었다.

라 그 이름들이 생명책에 있
느니라
4 주 안에서 항상 기뻐하라 내
가 다시 말하노니 기뻐하라
5 너희 관용을 모든 사람에게
알게 하라 주께서 가까우시
니라
6 아무것도 염려하지 말고 다
만 모든 일에 기도와 간구로,
너희 구할 것을 감사함으로
하나님께 아뢰라
7 그리하면 모든 지각에 뛰어
난 하나님의 평강이 그리스
도 예수 안에서 너희 마음과
생각을 지키시리라
8 끝으로 형제들아 무엇에든
지 참되며 무엇에든지 경건
하며 무엇에든지 옳으며 무
엇에든지 정결하며 무엇에든
지 사랑받을 만하며 무엇에
든지 칭찬받을 만하며 무슨
덕이 있든지 무슨 기림이 있
든지 이것들을 생각하라
9 너희는 내게 배우고 받고 듣
고 본 바를 행하라 그리하면
평강의 하나님이 너희와 함
께 계시리라

### 빌립보 사람들의 선물

10 내가 주 안에서 크게 기뻐함
은 너희가 나를 생각하던 것
이 이제 다시 싹이 남이니 너
희가 또한 이를 위하여 생각
은 하였으나 기회가 없었느
니라

**단어설명**

**관용(4:5)** 다른 사람의 잘못을 너그럽게 받아들이거나 용서하는 것.
**모든 지각에 뛰어난 하나님의 평강(4:7)** 하나님은 사람의 지성과 이성, 상상과 분석을 초월하는 분이시다. 하나님의 평강은 우리가 생각하지 못한 지혜와 능력으로 우리의 불안을 잠잠하게 하신다.
**덕(4:8)** 도덕적·윤리적 이상을 실천해내는 인격적인 능력. 남을 넓게 이해하고 받아들이는 마음과 행동.

11 내가 궁핍하므로 말하는 것
이 아니니라 어떠한 형편에
든지 나는 자족하기를 배웠
노니
12 나는 비천에 처할 줄도 알고
풍부에 처할 줄도 알아 모든
일 곧 배부름과 배고픔과 풍
부와 궁핍에도 처할 줄 아는
일체의 비결을 배웠노라
13 내게 능력 주시는 자 안에서
내가 모든 것을 할 수 있느
니라
14 그러나 너희가 내 괴로움에
함께 참여하였으니 잘하였
도다
15 빌립보 사람들아 너희도 알
거니와 복음의 시초에 내가
마게도냐를 떠날 때에 주고
받는 내 일에 참여한 교회가
너희 외에 아무도 없었느니
라
16 데살로니가에 있을 때에도
너희가 한 번뿐 아니라 두
번 이나 나의 쓸 것을 보내었
도다
17 내가 선물을 구함이 아니요
오직 너희에게 유익하도록
풍성한 열매를 구함이라
18 내게는 모든 것이 있고 또 풍
부한지라 에바브로디도 편
에 너희가 준 것을 받으므로
내가 풍족하니 이는 받으실
만한 향기로운 제물이요 하
나님을 기쁘시게 한 것이라

**단어설명**

**자족(4:11)** 스스로 넉넉함을 느낌.
**비천(4:12)** 지위나 신분이 낮고 천하다는 뜻인데, 여기서는 '풍부'와 대조를 이루며 초라하고 넉넉하지 않은 생활을 말한다.
**복음의 시초(4:15)** 바울이 빌립보에서 처음 복음을 전했을 때를 말한다.

19 나의 하나님이 그리스도 예
수 안에서 영광 가운데 그 풍
성한 대로 너희 모든 쓸 것을
채우시리라
20 하나님 곧 우리 아버지께 세
세 무궁하도록 영광을 돌릴
지어다 아멘

끝인사

21 그리스도 예수 안에 있는 성
도에게 각각 문안하라 나와
함께 있는 형제들이 너희에
게 문안하고
22 모든 성도들이 너희에게 문
안하되 특히 가이사의 집 사
람들 중 몇이니라
23 주 예수 그리스도의 은혜가
너희 심령에 있을지어다

단어설명

**너희 모든…채우시리라(4:19)** 단순한 물질적 축복이 아니라, 어려운 중에도 바울을 섬긴 빌립보 성도들의 헌신을 하나님이 기뻐하시고, 그들의 빈 손을 채워주실 것이라는 영적인 원리가 담긴 축복이다.
**가이사의 집(4:22)** 황제의 가족이나 부하들을 의미한다고 한정하기보다는 바울이 로마 감옥에서 전도한 군인들을 비롯해 로마 황제와 관련이 있는 성도들이라고 보는 것이 더 타당하다.

직접 방문한 적은 없지만 골로새 교회의 소식을 들은 바울이 하나님께 감사하며, 그들을 칭찬하고 축복합니다. 자신이 어떻게 골로새 교회 교인들을 위해 기도하고 있는지를 전합니다. 또한 우리 죄를 속하신 예수님을 높이고, 자신이 복음을 전하며 겪은 고난들을 오히려 기뻐하며 기꺼이 수고함을 표현하고 있습니다.

### 인사

1 하나님의 뜻으로 말미암아
그리스도 예수의 사도 된 바
울과 형제 디모데는
2 골로새에 있는 성도들 곧 그
리스도 안에서 신실한 형제
들에게 편지하노니 우리 아
버지 하나님으로부터 은혜와
평강이 너희에게 있을지어
다

### 하나님께 감사를 드리다

3 우리가 너희를 위하여 기도
할 때마다 하나님 곧 우리
주 예수 그리스도의 아버지
께 감사하노라
4 이는 그리스도 예수 안에 너
희의 믿음과 모든 성도에 대
한 사랑을 들었음이요
5 너희를 위하여 하늘에 쌓아
둔 소망으로 말미암음이니
곧 너희가 전에 복음 진리의
말씀을 들은 것이라
6 이 복음이 이미 너희에게 이
르매 너희가 듣고 참으로 하
나님의 은혜를 깨달은 날부
터 너희 중에서와 같이 또한
온 천하에서도 열매를 맺어
자라는도다
7 이와 같이 우리와 함께 종된
사랑하는 에바브라에게 너

**단어설명**

**믿음, 사랑, 소망(1:4,5)** 골로새 교회의 성도들은 성숙한 그리스도인과 교회에서 볼 수 있는 이 세 가지 요소가 있었다.

**에바브라(1:7)** 빌립보서에 등장하는 에바브로디도를 줄여 부르는 이름. 당시에 흔한 이름이었으므로 동일한 사람이라고 보기에는 무리가 있다.

희가 배웠나니 그는 너희를
위한 그리스도의 신실한 일
꾼이요
8 성령 안에서 너희 사랑을 우
리에게 알린 자니라

**하나님의 형상이시요 교회의 머리시라**

9 이로써 우리도 듣던 날부터
너희를 위하여 기도하기를
그치지 아니하고 구하노니
너희로 하여금 모든 신령한
지혜와 총명에 하나님의 뜻
을 아는 것으로 채우게 하
시고
10 주께 합당하게 행하여 범사
에 기쁘시게 하고 모든 선한
일에 열매를 맺게 하시며
하나님을 아는 것에 자라게
하시고
11 그의 영광의 힘을 따라 모든
능력으로 능하게 하시며 기
쁨으로 모든 견딤과 오래 참
음에 이르게 하시고
12 우리로 하여금 빛 가운데서
성도의 기업의 부분을 얻기
에 합당하게 하신 아버지께
감사하게 하시기를 원하노
라
13 그가 우리를 흑암의 권세에
서 건져내사 그의 사랑의 아
들의 나라로 옮기셨으니
14 그 아들 안에서 우리가 속량
곧 죄 사함을 얻었도다
15 그는 보이지 아니하는 하나
님의 형상이시요 모든 피조

**단어설명**

**모든 견딤과 오래 참음(1:11)** 둘 다 어려움 가운데서도 목표를 향해 끝까지 인내하는 것을 말한다. 견딤은 환경과 연관이 있고, 오래 참음은 관계와 연관이 있다.

**속량(1:14)** '몸값을 받고 놓아주다'라는 뜻으로, 예수님이 인간의 죗값을 대신 치르심으로, 그들을 구원하신 것을 의미한다.

물보다 먼저 나신 이시니
16 만물이 그에게서 창조되되
하늘과 땅에서 보이는 것들
과 보이지 않는 것들과 혹
은 왕권들이나 주권들이나
통치자들이나 권세들이나
만물이 다 그로 말미암고
그를 위하여 창조되었고
17 또한 그가 만물보다 먼저
계시고 만물이 그 안에 함께
섰느니라
18 그는 몸인 교회의 머리시라
그가 근본이시요 죽은 자들
가운데서 먼저 나신 이시니
이는 친히 만물의 으뜸이 되
려 하심이요
19 아버지께서는 모든 충만으
로 예수 안에 거하게 하시고
20 그의 십자가의 피로 화평을
이루사 만물 곧 땅에 있는
것들이나 하늘에 있는 것들
이 그로 말미암아 자기와
화목하게 되기를 기뻐하심
이라
21 전에 악한 행실로 멀리 떠나
마음으로 원수가 되었던 너
희를
22 이제는 그의 육체의 죽음으
로 말미암아 화목하게 하사
너희를 거룩하고 흠 없고 책
망할 것이 없는 자로 그 앞
에 세우고자 하셨으니
23 만일 너희가 믿음에 거하고
터 위에 굳게 서서 너희 들

**단어설명**

**왕권들, 주권들, 통치자들, 권세들(1:16)** 천사들을 말하는 유대인의 용어들이다. 골로새 교회에 들어온 이단들은 예수님 역시 하나님이 만드신 천사 중의 하나라는 주장을 폈으나, 바울은 모든 피조물보다 먼저 나신 창조주 하나님이신 예수님을 강조하고 있다.
**으뜸(1:18)** 많은 것 가운데 가장 뛰어난 것. 또는 첫째가는 것.

은 바 복음의 소망에서 흔들
리지 아니하면 그리하리라
이 복음은 천하 만민에게
전파된 바요 나 바울은 이 복
음의 일꾼이 되었노라

**교회를 위하여 바울이 하는 일**

24 나는 이제 너희를 위하여
받는 괴로움을 기뻐하고 그
리스도의 남은 고난을 그의
몸된 교회를 위하여 내 육
체에 채우노라
25 내가 교회의 일꾼 된 것은
하나님이 너희를 위하여 내
게 주신 직분을 따라 하나님
의 말씀을 이루려 함이니라
26 이 비밀은 만세와 만대로부
터 감추어졌던 것인데 이제
는 그의 성도들에게 나타났
고
27 하나님이 그들로 하여금 이
비밀의 영광이 이방인 가운
데 얼마나 풍성한지를 알게
하려 하심이라 이 비밀은
너희 안에 계신 그리스도시
니 곧 영광의 소망이니라
28 우리가 그를 전파하여 각
사람을 권하고 모든 지혜로
각 사람을 가르침은 각 사
람을 그리스도 안에서 완전
한 자로 세우려 함이니
29 이를 위하여 나도 내 속에
서 능력으로 역사하시는 이
의 역사를 따라 힘을 다하
여 수고하노라

**단어설명**

**그리스도의 남은 고난(1:24)** 우리를 구원하기 위한 예수님의 고난이 부족하다는 뜻이 아니라 그리스도의 몸된 교회를 세우는 데에 있어 필요한 희생과 섬김, 핍박과 수고를 말한다.
**완전한 자(1:28)** 예수님을 닮아 온전히 성숙한 자. 예수님께 초점을 맞추고 구체적인 삶으로 사랑을 실천하는 과정을 통해 이루어진다.

바울은 골로새 교회뿐 아니라 라오디게아 교회 성도들에 대한 관심과 염려도 표현합니다. 8절부터는 당시 골로새 교회에 들어와있던 이단 사상을 구체적으로 말하며, 이러한 거짓 교사들의 거짓된 철학과 헛된 속임수에 빠지지 말라고 강조합니다. 하나님께서 베푸신 은혜를 깨닫고 십자가를 굳게 붙잡으라 권면합니다.

1 내가 너희와 라오디게아에
있는 자들과 무릇 내 육신
의 얼굴을 보지 못한 자들을
위하여 얼마나 힘쓰는지를
너희가 알기를 원하노니
2 이는 그들로 마음에 위안을
받고 사랑 안에서 연합하여
확실한 이해의 모든 풍성함
과 하나님의 비밀인 그리스
도를 깨닫게 하려 함이니
3 그 안에는 지혜와 지식의 모
든 보화가 감추어져 있느니
라
4 내가 이것을 말함은 아무도
교묘한 말로 너희를 속이지
못하게 하려 함이니
5 이는 내가 육신으로는 떠나
있으나 심령으로는 너희와
함께 있어 너희가 질서 있게
행함과 그리스도를 믿는 너
희 믿음이 굳건한 것을 기쁘
게 봄이라

### 그리스도 안에서 행하라

6 그러므로 너희가 그리스도
예수를 주로 받았으니 그 안
에서 행하되
7 그 안에 뿌리를 박으며 세움
을 받아 교훈을 받은 대로 믿
음에 굳게 서서 감사함을 넘
치게 하라

**단어설명**

**라오디게아(2:1)** 소아시아에 속한 브루기아의 중심 도시로, 골로새에서 약 14.5km 거리에 있다.
**지혜와 지식의 모든 보화(2:3)** 골로새의 거짓 교사들은 영적 엘리트들만 참된 지혜와 지식을 알 수 있다고 말하나, 바울은 예수님 안에 모든 지혜와 지식이 있고 그분을 믿기만 하면 그것을 얻을 수 있다고 말했다.

8 누가 철학과 헛된 속임수로
너희를 사로잡을까 주의하
라 이것은 사람의 전통과
세상의 초등학문을 따름이
요 그리스도를 따름이 아니
니라
9 그 안에는 신성의 모든 충만
이 육체로 거하시고
10 너희도 그 안에서 충만하여
졌으니 그는 모든 통치자와
권세의 머리시라
11 또 그 안에서 너희가 손으로
하지 아니한 할례를 받았으
니 곧 육의 몸을 벗는 것이
요 그리스도의 할례니라
12 너희가 세례로 그리스도와
함께 장사되고 또 죽은 자
들 가운데서 그를 일으키신
하나님의 역사를 믿음으로
말미암아 그 안에서 함께
일으키심을 받았느니라
13 또 범죄와 육체의 무할례로
죽었던 너희를 하나님이 그
와 함께 살리시고 우리의 모
든 죄를 사하시고
14 우리를 거스르고 불리하게
하는 법조문으로 쓴 증서를
지우시고 제하여 버리사 십
자가에 못 박으시고
15 통치자들과 권세들을 무력
화하여 드러내어 구경거리
로 삼으시고 십자가로 그들
을 이기셨느니라
16 그러므로 먹고 마시는 것과

단어설명

**철학과 헛된 속임수(2:8)** 사람과 이 세상에 대한 원리와 본질을 연구하는 것이 철학인데, 거짓 교사들은 자신의 가르침을 고상한 지식과 체계를 갖춘 철학이라고 주장했던 것으로 보인다.

**법조문으로 쓴 증서(2:14)** 모세의 율법과 그에 따르는 모든 규례를 말한다. 원래 이 말은 빚진 자가 자신의 손으로 쓴 채무를 인정하는 문서를 말한다.

절기나 초하루나 안식일을
이유로 누구든지 너희를 비
판하지 못하게 하라
17 이것들은 장래 일의 그림자
이나 몸은 그리스도의 것이
니라
18 아무도 꾸며낸 겸손과 천사
숭배를 이유로 너희를 정죄
하지 못하게 하라 그가 그
본 것에 의지하여 그 육신
의 생각을 따라 헛되이 과
장하고
19 머리를 붙들지 아니하는지
라 온몸이 머리로 말미암아
마디와 힘줄로 공급함을 받
고 연합하여 하나님이 자라
게 하시므로 자라느니라

**그리스도와 함께하는 새사람**

20 너희가 세상의 초등학문에
서 그리스도와 함께 죽었거
든 어찌하여 세상에 사는
것과 같이 규례에 순종하느
냐
21 (곧 붙잡지도 말고 맛보지
도 말고 만지지도 말라 하는
것이니
22 이 모든 것은 한때 쓰이고
는 없어지리라) 사람의 명령
과 가르침을 따르느냐
23 이런 것들은 자의적 숭배와
겸손과 몸을 괴롭게 하는 데
는 지혜 있는 모양이나 오직
육체 따르는 것을 금하는 데
는 조금도 유익이 없느니라

**단어설명**

**절기, 초하루(2:16)** 절기는 유대력에 따른 종교 기념일, 초하루는 매달 첫째 날에 드리던 제사를 말한다.
**천사 숭배(2:18)** 거짓 교사들은 영적인 안전과 보호를 위해 천사의 도움이 필요하다며 천사를 숭배했다.
**자의적 숭배(2:23)** 하나님께서 우리에게 말씀하시고 원하시는 것보다 더 많은 교훈을 스스로 만들고 지키며 하나님을 자기 나름대로 경배하려는 행위.

구원받은 새사람으로서 과거의 어둡고 악한 생활 방식을 멀리하고, 온유와 겸손으로 서로 사랑하며 그리스도 안에서 하나됨을 추구하라고 권합니다. 삶에는 감사와 찬양이 넘치며, 가족들을 잘 돌보고, 사람이 아닌 주님을 생각하며 모든 일에 최선을 다하라고 이야기합니다.

1 그러므로 너희가 그리스도
와 함께 다시 살리심을 받
았으면 위의 것을 찾으라 거
기는 그리스도께서 하나님
우편에 앉아 계시느니라
2 위의 것을 생각하고 땅의 것
을 생각하지 말라
3 이는 너희가 죽었고 너희 생
명이 그리스도와 함께 하나
님 안에 감추어졌음이라
4 우리 생명이신 그리스도께
서 나타나실 그때에 너희도
그와 함께 영광 중에 나타
나리라
5 그러므로 땅에 있는 지체를
죽이라 곧 음란과 부정과 사
욕과 악한 정욕과 탐심이니
탐심은 우상 숭배니라
6 이것들로 말미암아 하나님
의 진노가 임하느니라
7 너희도 전에 그 가운데 살 때
에는 그 가운데서 행하였으나
8 이제는 너희가 이 모든 것을
벗어 버리라 곧 분함과 노여
움과 악의와 비방과 너희
입의 부끄러운 말이라
9 너희가 서로 거짓말을 하지
말라 옛 사람과 그 행위를
벗어 버리고
10 새사람을 입었으니 이는 자

단어설명

**위의 것(3:1)** 우리가 부활하여 그리스도와 함께 누릴 영원한 복을 말한다.
**땅에 있는 지체(3:5)** 내면과 삶에 깊이 들어와 땅에 속한 일들을 추구하고 원하는 우리의 본능. 이 본능에서 정욕과 탐심이 나온다.
**지식(3:10)** 세상적인 지식이 아니라 하나님에 관한 지식을 가리킨다.

기를 창조하신 이의 형상을
따라 지식에까지 새롭게 하
심을 입은 자니라
11 거기에는 헬라인이나 유대
인이나 할례파나 무할례파
나 야만인이나 스구디아인
이나 종이나 자유인이 차별
이 있을 수 없나니 오직 그
리스도는 만유시요 만유 안
에 계시니라
12 그러므로 너희는 하나님이
택하사 거룩하고 사랑받는
자처럼 긍휼과 자비와 겸손
과 온유와 오래 참음을 옷
입고
13 누가 누구에게 불만이 있거
든 서로 용납하여 피차 용서
하되 주께서 너희를 용서하
신 것같이 너희도 그리하고
14 이 모든 것 위에 사랑을 더
하라 이는 온전하게 매는 띠
니라
15 그리스도의 평강이 너희 마
음을 주장하게 하라 너희는
평강을 위하여 한 몸으로 부
르심을 받았나니 너희는 또
한 감사하는 자가 되라
16 그리스도의 말씀이 너희 속
에 풍성히 거하여 모든 지혜
로 피차 가르치며 권면하고
시와 찬송과 신령한 노래를
부르며 감사하는 마음으로
하나님을 찬양하고
17 또 무엇을 하든지 말에나

**단어설명**

**야만인(3:11)** 당시에는 헬라어를 사용하지 못하는 사람들을 야만인으로 보았다.
**스구디아인(3:11)** 호전적인 민족. 그리스인들이 보기에 폭력적이어서 특히 미움과 두려움의 대상이었다.
**주장하게(3:15)** 헬라어 '브라뷰에토'는 운동경기의 심판이나 감독이 경기를 주관하고 질서를 유지하는 모든 행동을 말한다.

일에나 다 주 예수의 이름으
로 하고 그를 힘입어 하나님
아버지께 감사하라

주께 하듯 하라

18 아내들아 남편에게 복종하라
이는 주 안에서 마땅하니라
19 남편들아 아내를 사랑하며
괴롭게 하지 말라
20 자녀들아 모든 일에 부모에
게 순종하라 이는 주 안에서
기쁘게 하는 것이니라
21 아비들아 너희 자녀를 노엽
게 하지 말지니 낙심할까 함
이라
22 종들아 모든 일에 육신의 상
전들에게 순종하되 사람을
기쁘게 하는 자와 같이 눈가
림만 하지 말고 오직 주를 두
려워하여 성실한 마음으로
하라
23 무슨 일을 하든지 마음을 다
하여 주께 하듯 하고 사람에
게 하듯 하지 말라
24 이는 기업의 상을 주께 받을
줄 아나니 너희는 주 그리스
도를 섬기느니라
25 불의를 행하는 자는 불의의
보응을 받으리니 주는 사람
을 외모로 취하심이 없느니
라

바울은 골로새 교인들에게 전도의 기회가 열리고, 복음을 담대히 전할 수 있도록 간구해 달라는 기도를 부탁합니다. 두기고와 오네시모를 골로새로 보내 자신의 소식을 전하고 위로하게 할 것이라 알려주고, 함께 갇힌 동역자들의 인사를 골로새 교인들에게 전해줍니다.

**단어설명**

**복종하라(3:18)** 원어의 의미는 스스로를 복종시키라는 뜻으로, 이는 기꺼이 즐거운 마음으로 자신을 다른 사람이나 다른 대상보다 아래의 위치에 두는 것을 말한다.
**마땅하다(3:18)** 그렇게 하거나 되는 것이 이치로 보아 옳다.
**보응(3:25)** 그 원인과 결과에 따라 갚음을 받는다는 뜻.

1 상전들아 의와 공평을 종들
에게 베풀지니 너희에게도
하늘에 상전이 계심을 알지
어다

권면

2 기도를 계속하고 기도에 감
사함으로 깨어 있으라
3 또한 우리를 위하여 기도하
되 하나님이 전도할 문을
우리에게 열어 주사 그리스
도의 비밀을 말하게 하시기
를 구하라 내가 이 일 때문
에 매임을 당하였노라
4 그리하면 내가 마땅히 할
말로써 이 비밀을 나타내리
라
5 외인에게 대해서는 지혜로
행하여 세월을 아끼라
6 너희 말을 항상 은혜 가운
데서 소금으로 맛을 냄과
같이 하라 그리하면 각 사
람에게 마땅히 대답할 것을
알리라

끝인사

7 두기고가 내 사정을 다 너희
에게 알려 주리니 그는 사랑
받는 형제요 신실한 일꾼이
요 주 안에서 함께 종이 된
자니라
8 내가 그를 특별히 너희에
게 보내는 것은 너희로 우
리 사정을 알게 하고 너희
마음을 위로하게 하려 함이
라

단어설명

**외인(4:5)** 신앙 공동체 밖에 있는, 믿지 않는 사람들을 말한다.
**소금으로 맛을 냄(4:6)** 헬라인들은 '말의 재치'를 상징하는 말로 '소금'이란 단어를 썼다. 소금이 맛을 살리고 음식이 상하지 않게 하듯, 지혜롭고 경건한 말로 대화해야함을 말한다.
**두기고(4:7)** '뜻밖이다', '행운이다'라는 뜻의 이름. 바울의 동역자로 골로새 교회에 골로새서를 전달했다.

9 신실하고 사랑을 받는 형제
오네시모를 함께 보내노니
그는 너희에게서 온 사람이
라 그들이 여기 일을 다 너
희에게 알려 주리라
10 나와 함께 갇힌 아리스다고
와 바나바의 생질 마가와 (이
마가에 대하여 너희가 명을
받았으매 그가 이르거든 영
접하라)
11 유스도라 하는 예수도 너희
에게 문안하느니라 그들은
할례파이나 이들만은 하나
님의 나라를 위하여 함께 역
사하는 자들이니 이런 사람
들이 나의 위로가 되었느니
라

12 그리스도 예수의 종인 너희
에게서 온 에바브라가 너희
에게 문안하느니라 그가 항
상 너희를 위하여 애써 기도
하여 너희로 하나님의 모든
뜻 가운데서 완전하고 확신
있게 서기를 구하나니
13 그가 너희와 라오디게아에
있는 자들과 히에라볼리에
있는 자들을 위하여 많이 수
고하는 것을 내가 증언하노
라
14 사랑을 받는 의사 누가와 또
데마가 너희에게 문안하느
니라
15 라오디게아에 있는 형제들
과 눔바와 그 여자의 집에 있

**단어설명**

**아리스다고(4:10)** 데살로니가 출신의 유대인이다. 에베소에서 폭도들에게 붙잡혔고, 바울의 예루살렘 여행과 로마 항해에 함께 갔다.
**생질(4:10)** 누이의 아들을 이르는 말.
**누가(4:14)** 바울의 친구로 전도여행에 동행했으며 누가복음과 사도행전을 기록했다.

는 교회에 문안하고
16 이 편지를 너희에게서 읽은
후에 라오디게아인의 교회
에서도 읽게 하고 또 라오
디게아로부터 오는 편지를
너희도 읽으라
17 아킵보에게 이르기를 주 안
에서 받은 직분을 삼가 이루
라고 하라
18 나 바울은 친필로 문안하노
니 내가 매인 것을 생각하라
은혜가 너희에게 있을지어
다

단어설명

**집에 있는 교회(4:15)** 대부분의 경우 초대교회는 공간을 따로 마련하는 대신 일반 가정에 모여 예배를 드렸다.
**이 편지를…읽게 하고(4:16)** 당시에는 회중이 모인 자리에서 사도들의 편지를 크게 낭독하곤 했다.
**친필로(4:18)** 대부분의 서신은 동역자들이 받아 적었으나, 편지 끝의 문안인사는 바울이 직접 썼다.

주인 빌레몬에게서 도망친 종 오네시모가 감옥에 갇힌 바울을 만나 그리스도인이 되었습니다. 바울은 빌레몬에게 그의 변화된 모습을 전하며, 그를 용서해줄 것을 간곡하고 정중하게 부탁합니다. 개인적인 편지의 성격이 강하지만, '용서'라는 단어를 한번도 사용하지 않고도 성경적인 용서가 무엇인지를 잘 이해하게 해줍니다.

### 인사

1 그리스도 예수를 위하여 갇
힌 자 된 바울과 및 형제 디
모데는 우리의 사랑을 받는
자요 동역자인 빌레몬과
2 자매 압비아와 우리와 함께
병사 된 아킵보와 네 집에
있는 교회에 편지하노니
3 하나님 우리 아버지와 주 예
수 그리스도로부터 은혜와
평강이 너희에게 있을지어다

### 빌레몬의 믿음과 사랑

4 내가 항상 내 하나님께 감
사하고 기도할 때에 너를
말함은
5 주 예수와 및 모든 성도에 대
한 네 사랑과 믿음이 있음을
들음이니
6 이로써 네 믿음의 교제가 우
리 가운데 있는 선을 알게 하
고 그리스도께 이르도록 역
사하느니라
7 형제여 성도들의 마음이 너
로 말미암아 평안함을 얻었
으니 내가 너의 사랑으로 많
은 기쁨과 위로를 받았노라

### 오네시모를 위하여 간구하다

8 이러므로 내가 그리스도 안
에서 아주 담대하게 네게
마땅한 일로 명할 수도 있

**단어설명**

**빌레몬(1:1)** 골로새 교회의 부유한 성도였다. '사랑을 받는 자요 동역자'로 불릴 만큼 바울과 친밀하였고, 함께 사역하기도 했다.

**압비아, 아킵보(1:2)** 압비아는 빌레몬의 아내였을 것으로 본다. 아킵보는 빌레몬의 아들로 추정하며, 골로새 교회에서 중요한 사역을 했을 것으로 추정한다.

으나
9 도리어 사랑으로써 간구하
노라 나이가 많은 나 바울
은 지금 또 예수 그리스도를
위하여 갇힌 자 되어
10 갇힌 중에서 낳은 아들 오
네시모를 위하여 네게 간구
하노라
11 그가 전에는 네게 무익하였
으나 이제는 나와 네게 유익
하므로
12 네게 그를 돌려보내노니 그
는 내 심복이라
13 그를 내게 머물러 있게 하
여 내 복음을 위하여 갇힌
중에서 네 대신 나를 섬기게
하고자 하나
14 다만 네 승낙이 없이는 내
가 아무것도 하기를 원하지
아니하노니 이는 너의 선한
일이 억지같이 되지 아니하
고 자의로 되게 하려 함이
라
15 아마 그가 잠시 떠나게 된
것은 너로 하여금 그를 영
원히 두게 함이리니
16 이후로는 종과 같이 대하지
아니하고 종 이상으로 곧
사랑받는 형제로 둘 자라 내
게 특별히 그러하거든 하물
며 육신과 주 안에서 상관된
네게랴
17 그러므로 네가 나를 동역자
로 알진대 그를 영접하기를

**단어설명**

**도리어 사랑으로써 간구(1:9)** 바울은 오네시모의 회복을 위해 이 편지를 썼으나, 오네시모를 용서하고 받아들여야하는 빌레몬의 마음도 헤아리고 있었다. 성도의 의무를 말하며 용서를 강요하기보다 사랑을 바탕으로 권면하고 있다.

**오네시모(1:10)** '유용하다'는 뜻으로 노예의 이름으로는 흔했다. 그는 빌레몬의 돈을 훔쳐 달아났다.

내게 하듯 하고
18 그가 만일 네게 불의를 하
였거나 네게 빚진 것이 있
으면 그것을 내 앞으로 계
산하라
19 나 바울이 친필로 쓰노니 내
가 갚으려니와 네가 이 외
에 네 자신이 내게 빚진 것
은 내가 말하지 아니하노라
20 오 형제여 나로 주 안에서
너로 말미암아 기쁨을 얻게
하고 내 마음이 그리스도 안
에서 평안하게 하라
21 나는 네가 순종할 것을 확신
하므로 네게 썼노니 네가 내
가 말한 것보다 더 행할 줄을
아노라
22 오직 너는 나를 위하여 숙소
를 마련하라 너희 기도로 내
가 너희에게 나아갈 수 있기
를 바라노라

**끝인사**

23 그리스도 예수 안에서 나와
함께 갇힌 자 에바브라와
24 또한 나의 동역자 마가, 아리
스다고, 데마, 누가가 문안하
느니라
25 우리 주 예수 그리스도의 은
혜가 너희 심령과 함께 있을
지어다

**단어설명**

**그가 잠시 떠나게 된 것(1:15)** 바울은 '그가 도둑질하고 도망친 것'이라는 말 대신, 수동적인 표현을 사용했다. 오네시모를 구원하시고, 빌레몬과의 관계 회복과 영적 성숙을 계획하시는 하나님의 섭리의 관점에서 이 일을 보고 있음을 알 수 있다.
**네 자신이 내게 빚진 것(1:19)** 바울이 빌레몬을 구원의 믿음으로 인도한 것. 무엇으로도 갚을 수 없다.

"그러므로 주 안에서 갇힌 내가 너희를 권하노니
너희가 부르심을 받은 일에 합당하게 행하여
모든 겸손과 온유로 하고 오래 참음으로 사랑 가운데서 서로 용납하고
평안의 매는 줄로 성령이 하나 되게 하신 것을 힘써 지키라"

– 에베소서 4장 1~3절

MEMO

MEMO

온 가족이 함께하는
# 로마서 & 옥중서신 따라쓰기

**펴낸날** 초판 1쇄 발행 2018년 3월 5일

**펴낸이** 정형철
**펴낸곳** (주)아가페출판사
**등록** 제21-754호(1995년 4월 12일)
**편집** 손정민
**디자인** 아이수북

**주소** (06698) 서울시 서초구 효령로 8길 5 (방배동)
**전화** 584-4835(본사) 522-5148(편집부)
**팩스** 586-3078(본사) 586-3088(편집부)
**홈페이지** www.iagape.co.kr

**ISBN** 978-89-537-9623-2 (03230)



이 도서의 국립중앙도서관 출판예정도서목록(CIP)은 서지정보유통지원시스템 홈페이지(http://seoji.nl.go.kr)와
국가자료공동목록시스템(http://www.nl.go.kr/kolisnet)에서 이용하실 수 있습니다. (CIP제어번호 : CIP2018005149)

아가페 출판사